BIOGRAPHIC
CHURCHILL

丘吉尔传

[英] 理查德 · 威尔斯 著
刘霞 译

江西美术出版社
全国百佳出版单位

丘吉尔传

[英] 理查德・威尔斯　著
刘霞　译

图书在版编目（C I P）数据

丘吉尔传 / (英) 理查德・威尔斯 (Richard Wiles)著；刘霞译.
-- 南昌：江西美术出版社, 2018.11
ISBN 978-7-5480-6251-6

Ⅰ. ①丘… Ⅱ. ①理… ②刘… Ⅲ. ①丘吉尔(Churchill, Winston Leonard Spencer 1874-1965) - 传记 Ⅳ. ①K835.617=5

中国版本图书馆CIP数据核字(2018)第196784号

Biographic Churchill

by Richard Wiles

出 品 人 \ 周建森
策　　划 \ 李国强
责任编辑 \ 李国强
书籍设计 \ 郭　阳
责任印制 \ 谭　勋

出　　版 \ 江西美术出版社
社　　址 \ 南昌市子安路66号
网　　址 \ www.jxfinearts.com
电　　话 \ 0791-86566329
邮　　编 \ 330025
经　　销 \ 全国新华书店
印　　刷 \ 浙江海虹彩色印务有限公司
版　　次 \ 2018年11月第1版
印　　次 \ 2018年11月第1次印刷
开　　本 \ 889 × 1194　1/32
印　　张 \ 3
ISBN 978-7-5480-6251-6
定　　价 \ 45.00元

目录

标志性

当我们可以通过一系列标志性图像辨识出一位政治人物时，我们也就知道了他对我们的文化和思想的影响到底有多深。

介绍

历史学家、战地记者、艺术家、40多本书的作者、砌砖匠、资深的帽子穿戴者、成人连体衣设计师、哈瓦那雪茄的狂热者和香槟起泡酒的追捧者：这是一位集多种角色于一身的人物。但是，性格豪爽、爱好广泛的温斯顿·斯宾塞·丘吉尔爵士，这位在1940年至1945年和1951至1955年间担任英国首相的政治家，是无法给他单一归类的。他确实在很多方面都表现出色。

1874年，温斯顿出生在一个有着悠久而尊贵血统的家族，享受着较好的成长环境。然而，与其他贵族不同，他并没有享用不尽的财富。尽管他的父母会时不时给他关爱，但他主要还是在童年保姆的陪伴中找寻安慰。他是个有点笨拙的孩子，在学业上表现不佳。在他呆过的三所公立学校里，他在球场上确实展现了他的实力，不过他的学业成绩却很糟糕，其中部分是因为他叛逆和厌恶学习古典知识。

“我情愿学习当一名砖匠的助手，或者作为信使小子跑腿，又或是帮助我父亲装扮一家杂货店的前窗。至少它会是真实的。”

中学毕业后，丘吉尔进入军校。在那里他表现出色并被委任成为第四女王私人轻骑兵队一员。正是在他任职中尉驻守印度时，他开始如饥似渴地大量阅读并开发了自己的写作天赋。他饱读爱德华·吉本、托马斯·巴宾顿·麦考莱和威廉·温伍德·瑞德这类人的历史、宗教和政治方面的作品，并撰写对议会辩论的批评，由此他的英语写作技巧突飞猛进。

1899年在海得拉巴，25岁的丘吉尔遇到了他生命中第一次重要的爱情，对方是社交名媛帕梅拉·普洛登，公务员特雷弗·奇切利·普洛登爵士之女。但他的求婚却因他经济不够宽裕而被拒。仅依赖母亲并不多的经济支持不能维持丘吉尔的日常开支，于是他发现了一种赚钱手段，即作为战地记者为报纸提供新闻报道。丘吉尔从各战场发回来的前线战事报道，故事生动引人入胜，为此他获得巨额稿酬。

1908年，丘吉尔与克莱门汀·霍齐尔重识，后者便是此后将与他共享终身浪漫的女人。经过短暂的求爱，他们在同一年结婚。随后孩子出生，第一个是戴安娜，接着伦道夫、萨拉、玛丽戈尔德——不幸的是，她三岁时因败血病去世，最后是玛丽。

丘吉尔在1899年的奥尔德姆补选中初涉政坛。选举失利后，他重回南非报道布尔战争，期间他被俘并成为战俘。大胆越狱成功后，他回到英格兰成为一名英雄。在1900年的大选中他再次作为议会候选人参选，这次他赢得了奥尔德姆的席位，由此开始了他50年的政治生涯，此后他担任过许多重要的内阁职位，直至成为首相到达政治顶峰。

有时他是个有争议的人物，特别是在第一次世界大战期间发生的那场灾难性的加利波利登陆，他也并非没有诋毁者。在他热爱的事情上他仍然直言不讳。不过，正是在第二次世界大战期间，他为世人留下了最不可磨灭的印记，并获得了一个处于危机关头的民族的爱戴和尊敬。他字斟句酌的演讲和无线电广播，精确细致地向人们传播，就像黑暗中的一束光，反抗着纳粹德国的暴政。

即使在战后，不再担任首相，而是成为反对党的领导人，丘吉尔依然继续影响着世界事务，他第一个发出世界冷战信号。1951年77岁的他再一次担任首相，在国内，他大力支持为民兴建成千上万的新居。在国际舞台上，他试图维持英国与美国的“特殊关系”，而在殖民地事务上，他为了努力保持住大英帝国做了所有所能做到的事情。

20世纪50年代中期，他的身体和心理健康状况下滑，一连串的中风迫使他卸任首相。在肯特郡的查特韦尔，他在妻子的陪伴下度过晚年时光。即使在20世纪60年代，他依然试图在公共生活领域保持活跃，但1965年的一次严重中风后不久，他便逝世，享年90岁。享有国葬的温斯顿·丘吉尔爵士在历史中留下了他的一席位置，并作为一名最伟大的英国人被许多人铭记在心。

温斯顿·丘吉尔

01 生活

“绝不屈服，绝不，绝不，绝不——无论事务大小，重大细微——都绝不屈服，除非确信屈服是光荣明智之举。绝不屈服于强权，绝不屈服于敌人貌似排山倒海的气势。”

——温斯顿·丘吉尔，1941年10月29日在哈罗公学的演讲

温斯顿·伦纳德·斯宾塞·丘吉尔

1874年11月30日出生在牛津郡伍德斯托克布伦海姆宫，即马尔堡公爵祖籍地。

温斯顿·伦纳德·斯宾塞·丘吉尔为伦道夫·丘吉尔勋爵与其美国妻子——社交名媛珍妮特·珍妮·杰罗姆的长子。伦道夫是一名政治家，曾任英国财政大臣，出身于贵族斯宾塞家族（该家族出过一位威尔士王妃：戴安娜王妃）；而珍妮则是美国百万富翁的女儿。

丘吉尔一家住在伦敦梅费尔查尔斯街，经常参加布伦海姆的圣安德鲁舞会。伦道夫在一封书信中提到，他的妻子跟猎手外出时摔倒，然后又坐马车颠簸一路，从而导致分娩阵痛。八个小时后，即凌晨1点30分，他的儿子丘吉尔在当地医生的帮助下出生。另一种可能的猜测是，丘吉尔并非早产两个月，而是其父母结婚前便已怀了他。他出生时父母刚新婚不足八个月。

伍德斯托克另一名人：

伊丽莎白一世（1533-1603）

被其同父异母姐姐女王玛丽一世

囚禁于伍德斯托克王宫

1月 2月 3月 4月 5月 6月

美国

美国商人约瑟夫·F.格利登经过漫长的法律诉讼终于获得铁丝网专利。

英国

本杰明·迪斯雷利接替威廉·格莱斯顿成为英国首相。

美国

在德克萨斯州，一支600人的部队突袭印第安部落基奥瓦人、科曼奇人和夏安族人最后的庇护所，武力迫使他们退到俄克拉荷马州指定的保留地。

英国

经多轮试验，英国邮政总局宣布红色取代绿色成为英国所有邮箱和信箱的颜色。

1874 年的世界

俄国

爱丁堡公爵阿尔弗雷德王子，即维多利亚女王和萨克森-科堡-哥达的阿尔伯特亲王次子，迎娶大公夫人——俄国沙皇亚历山大二世的女儿玛丽亚·亚历山德罗。她是罗曼诺夫王朝唯一一位嫁入英国王室的成员。然而，女王陛下对他们的结合并不高兴。

法国

路易斯·勒鲁瓦在《喧声报》上撰文批评莫奈、毕沙罗、西斯莱和雷诺阿首次展出的画作，并根据莫奈的《日出·印象》油画，杜撰出“印象派”一词，印象派由此而得名。

奥地利

弗朗兹·霍耶在肖恩巴赫镇（今部分归属捷克）开了一家作坊，该镇以生产乐器闻名于世。霍耶家族制作鲁特琴和齐特琴，后来这种琴慢慢改良成为古典吉他、民谣吉他，最后变成今日的电音吉他。

印度

印度孟买电车公司首次将马拉的公交车引入孟买街头。该车在两条线路上运营。

温斯顿家族谱系

尽管拥有较高的社会地位和特权，温斯顿的直系亲属并没有很多钱。他的父亲伦道夫·丘吉尔勋爵是马尔堡第七公爵约翰·温斯顿·斯宾塞·丘吉尔的第三个儿子，并没有继承头衔或财产。他的母亲珍妮·杰罗姆是美国百万富豪伦纳德·杰罗姆四个女儿中的第二个。

马尔堡第五公爵
乔治·斯宾塞·丘吉尔
(1766-1840)

马尔堡第六公爵
乔治·斯宾塞·丘吉尔
(1793-1857)

4个兄弟姐妹之

11个兄弟姐妹之一

皇室渊源

温斯顿·丘吉尔爵士和黛安娜·斯宾塞夫人是第四代表亲关系，相差两个辈份。他们的血脉渊源来自马尔堡第一公爵约翰·丘吉尔（1650–1722）和他的妻子莎拉·詹宁斯。温斯顿的家谱从他们的大女儿亨利埃塔，即马尔堡第五公爵乔治·斯宾塞·丘吉尔的曾祖母那里分支出来。戴安娜王妃则是他们的第二个女儿安妮的后人，后者与桑德兰第三伯爵查尔斯·斯宾塞结婚（1675–1722）。

克莱门汀·O.霍齐尔
(1885-1977)

温斯顿·伦纳德·斯宾塞·
丘吉尔爵士
(1874-1965)

黛安娜·丘吉尔
(1909-1963)

伦道夫·F.E.丘吉尔
(1911-1968)

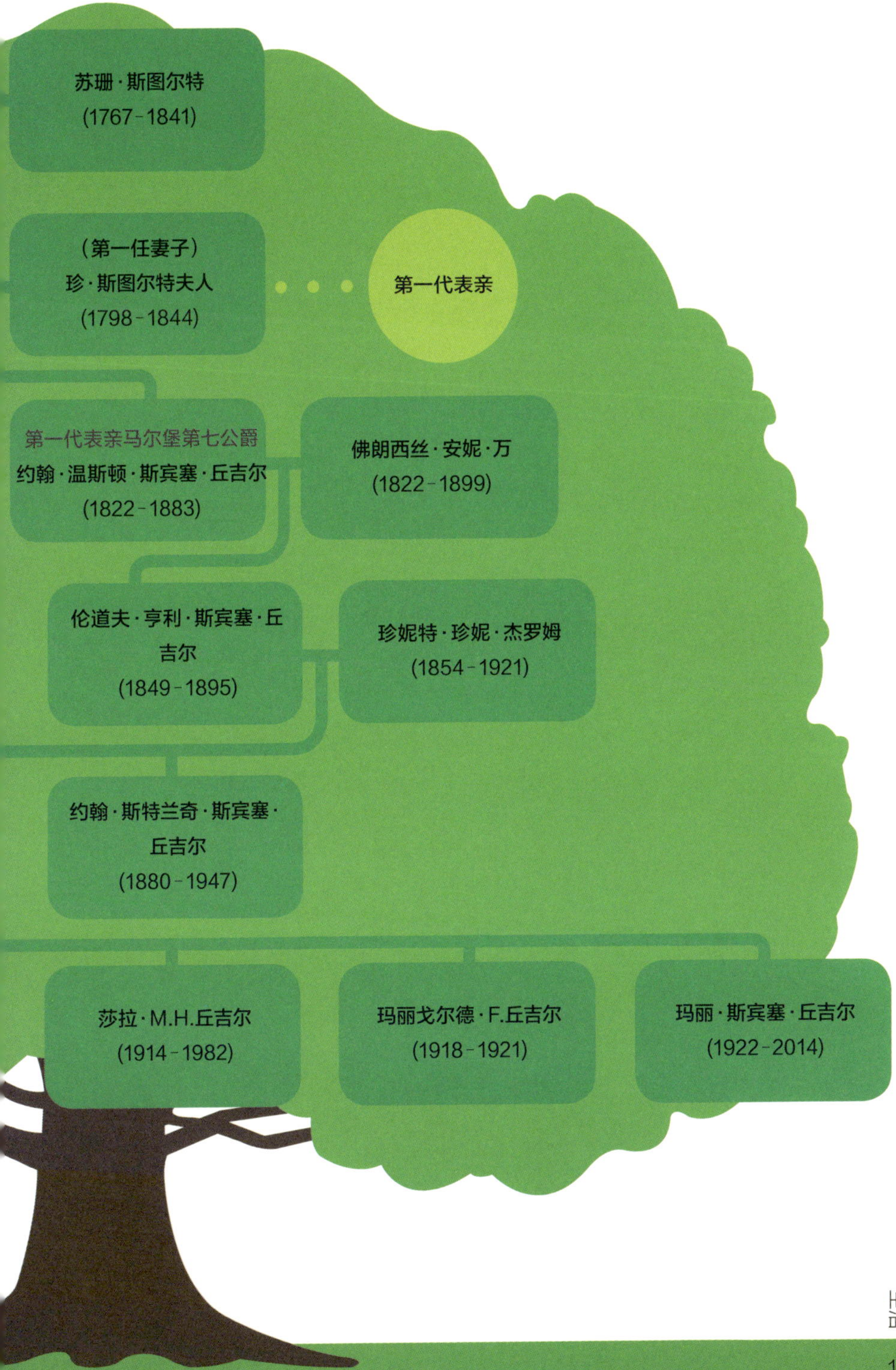

苏珊·斯图尔特
(1767-1841)
（第一任妻子）
珍·斯图尔特夫人
(1798-1844)
第一代表亲
第一代表亲马尔堡第七公爵
约翰·温斯顿·斯宾塞·丘吉尔
(1822-1883)
佛朗西丝·安妮·万
(1822-1899)
伦道夫·亨利·斯宾塞·丘吉尔
(1849-1895)
珍妮特·珍妮·杰罗姆
(1854-1921)
约翰·斯特兰奇·斯宾塞·丘吉尔
(1880-1947)
莎拉·M.H.丘吉尔
(1914-1982)
玛丽戈尔德·F.丘吉尔
(1918-1921)
玛丽·斯宾塞·丘吉尔
(1922-2014)

年轻的温斯顿

按丘吉尔父母所在社会阶层标准，孩子的抚养都交予保姆负责，父母们可尽情参加上流社会的享乐与社交。而对多愁善感的小温斯顿来说，这样的生活很孤单。他由此跟他的保姆伊丽莎白·安·爱维莉丝特太太关系亲密。丘吉尔亲热地把爱维莉丝特太太称为爱姆。丘吉尔读书的时光并不快乐。他的家庭教师认为他叛逆、迟钝且早熟，他也厌恶正统的教育，因此除了他感兴趣的地理和英文，他的其他学科表现并不好。

七岁时，温斯顿被送往阿斯科特的圣乔治中学寄宿。该校学生最后几乎无一例外都能进入伊顿公学读书。它吹嘘一个班只有十个人，还配备当时罕见的电灯照明、豪华游泳池和运动场。

以牙还牙

在圣乔治中学，温斯顿因偷糖挨了校长一顿鞭子。然后愤怒之下，有一次他便把校长的草帽扔地上踩个稀烂。

1876 1877 1878 1879 1880 1881 1882 1883

1876：两岁到五岁这段时间，温斯顿随他父母居住在爱尔兰的都柏林。在那里，他的父亲给他祖父约翰·斯宾塞·丘吉尔总督当私人秘书。

1882：在圣乔治中学读书期间，温斯顿的身体日渐虚弱。在那里上了两年学后，听从家庭医生的建议，他从该校退学，然后去了苏塞克斯郡霍夫不伦瑞克中学，并在那里更为宽松的环境下，完成了小学教育。

幼儿时光

在离开保姆的怀抱，辗转去上寄宿学校之前，温斯顿很喜欢他的幼儿时光。当时他最喜欢的玩具包括一台逼真的蒸汽机车、神奇的幻灯机和一支近千名玩具士兵的军队。

“红头小子”

温斯顿的头发是红色的，在哈罗读书期间，他个子不高身体结实，因此被同龄人戏称为“红头小子”。

哈罗公学的入学考试成绩差强人意，温斯顿被编在成绩最差的一个班中最末一组，他忍受着这种羞辱，且他父亲对此也倍感嫌弃。温斯顿不愿学习古典知识，却很擅长历史和地理，也十分热爱英文。

恳求信

尽管温斯顿写信给母亲恳求她到学校看望他，或是允许他放假回家，但她几乎很少去看望他。而他父亲对儿子糟糕的学业成绩也很失望，因此温斯顿与自己尊敬的父亲的关系也开始疏远。

1886 1887 1888 1889 1890 1891 1892 1893

预备！

温斯顿在击剑运动中表现十分突出，并赢得了公立学校锦标赛冠军。据称，他的对手也屈服于他敏捷的步法和猛烈的进攻。

温斯顿离开哈罗公学后，意图未来在军队谋求职业发展。但他当时学业成绩薄弱，报考了三次才勉强通过伯克郡的桑德赫斯特皇家军事学院的入学考试，且他的成绩只够进入骑兵班，而不能如其父亲所愿进入步兵班。

世界邮票

温斯顿小时候狂热地收集来自世界各地的邮票，很多邮票都是他父亲给他的。多年后，他自己的形象也被印在一系列纪念邮票上。

决定性的一年

1895年丘吉尔的人生发生了重大转折。那一年，度过苦恼和孤独童年的丘吉尔成长为一名自信审慎的年轻人，对自己的未来有清晰的认识。

军官与绅士

桑德赫斯特的氛围激发了丘吉尔的学习热情，他成为了一名熟练的骑士。1894年12月毕业后，他于1895年2月20日被任命为第四女王私人轻骑兵队少尉。

父亲形象

尽管与父亲关系比较疏远，丘吉尔却崇尚他那有魅力的父亲，并梦想着有一天进入议会，与他一起从政。只是他的希望破灭了，伦道夫勋爵于1月24日去世，享年四十五岁。

古巴热情！

这一年，丘吉尔游历古巴，考察古巴独立战争。在古巴期间，他爱上抽哈瓦那雪茄，余生都保持这一习惯。

最亲的保姆

丘吉尔的兵团驻奥尔德肖特时，他收到保姆爱维莉丝特太太病危的消息。于是他匆忙赶到保姆所住的伦敦北部她姐姐家里。她死于腹膜炎，临终前，她过去看顾的丘吉尔守在她床前。丘吉尔后来在《我的早年》一书中写道：

“在我整个20年的生命里，她一直是我最亲爱和最亲密的朋友。”

战争威胁

温斯顿在骑兵队中大步前进，且擅长骑马。他渴望行动，并相信军事经验是未来参政的完美准备。于是他利用母亲的关系，让自己奔赴世界各地的战场。

1895 古巴独立战争

丘吉尔奔赴古巴，表面上是为了观察西班牙军队对抗叛乱的古巴游击队。他在那里呆了三周。

1896 印度

先到孟买，然后转到班加罗尔，丘吉尔在那里舒服地安顿下来，并花费大量时间自我学习，为其未来的事业打好基础。

1897 西北边境

丘吉尔在1897-1898年的莫赫曼德运动中看到了战争行动。在一次名为“搜索和摧毁”的任务中，他冒着重重炮火前往莫恩德山谷。

1898 苏丹

在埃及加入第21枪骑兵团，丘吉尔随后在苏丹恩图曼战役中，参加了著名的骑兵冲锋。

1899 南非

丘吉尔从英国部队离职，转而追求成为作家和政治家的职业生涯。在奥尔德姆补选中未能获胜，他前往南非为《晨邮报》报道布尔战争。

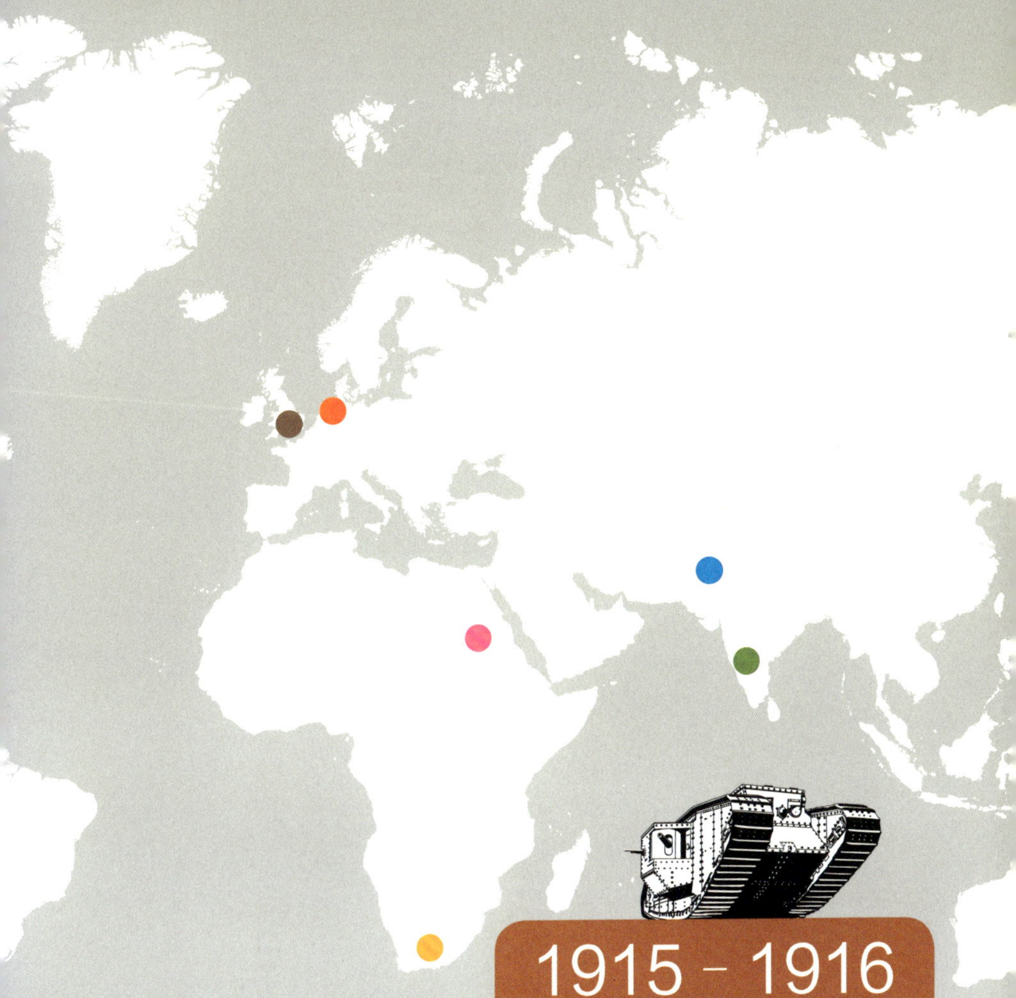

1915 - 1916
西部前线

丘吉尔辞去政府职务，重新加入英国军队。1916年1月后，作为一名中校指挥第六营——皇家苏格兰燧发枪团，当时他驻扎在比利时的普洛切塞特。

1900 - 1905
英格兰

1900年，丘吉尔从正规军退伍，并于1901年在帝国卫队里自告奋勇担任女王私人牛津郡骑兵队上尉。1905年升任少校后，他接管了亨利中队。

1916
地方自卫队

丘吉尔转而成为地方自卫队后备军军官。

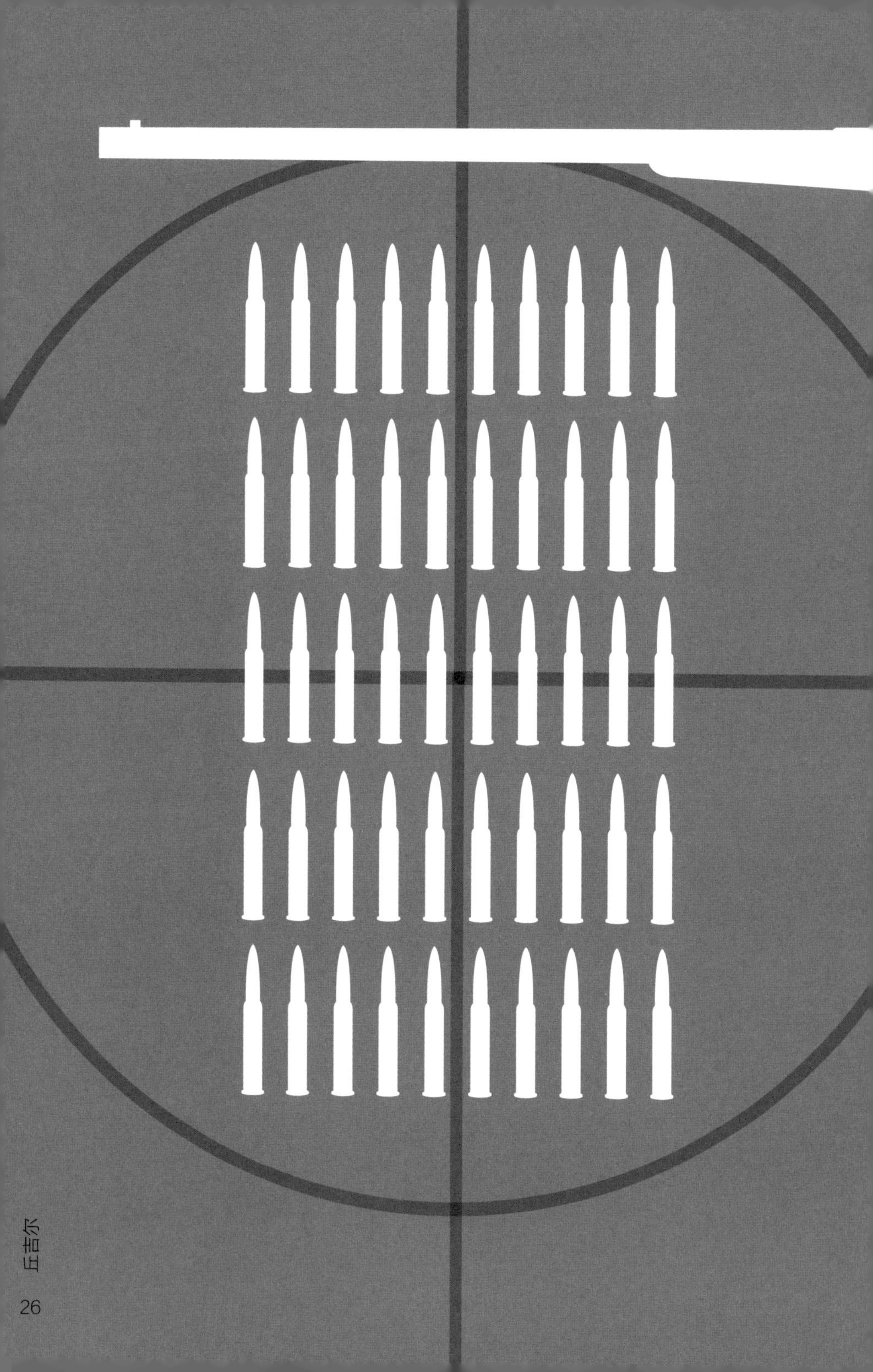

历经枪林弹雨超过50次的丘吉尔

50

温斯顿在他21岁生日时首次遭遇敌人的炮火攻击。当时，他和西班牙军队一起徒步前往古巴的阿罗约布兰科，遇到了马克西莫·戈麦斯少将领导的部队。两年后，他前往西北边境地区参加战斗，镇压反抗英国统治的阿富汗部族的起义。尽管当时英国新引进了马克沁机枪，战斗装备优势明显，但敌人还是能够近距离向英国和印度部队开火。在1916年的西线战场上，他担任第六皇家苏格兰燧发枪团指挥时，在距离德国人几英尺远的无人地带，他向敌人发起了36次夜间袭击。一名士兵说：“炮弹爆炸时，他从未趴倒躲避；子弹从耳边呼啸而过时，他也从不躲闪。看到我躲避，他曾经说道：‘躲闪根本不顶用，子弹早已离你而去了’。”

温尼的伟大撤退！

1899年10月14日

英国与布尔共和国之间的第二次英布战争正如火如荼地进行着。丘吉尔抓住此次立功机会！跟《晨邮报》谈好佣金后，丘吉尔便以记者身份前往南非……

中埋伏

在他的第一次侦察探险任务中，他与一群英国士兵一起乘坐的装甲列车遭遇全副武装的布尔人伏击，列车被放置在路轨上的巨石截住。温斯顿不顾个人安危，指挥士兵把脱轨的列车分开，这样他们可以利用火车头作掩护，帮助他们撤退。

寡不敌众

因寡不敌众，英国士兵投降。他们作为战争俘虏被带往比勒陀利亚。温斯顿以自己是平民提出抗议，但并没起到作用。

500

名全副武装的布尔敌军

温斯顿·丘吉尔，右边，与其他被捕的士兵一起

越狱

在由一所中学改造的战俘营呆了两周后，聪明的温尼趁看守不注意翻墙逃跑了！

25 英镑 越狱后，布尔人悬赏追捕丘吉尔（不论死活）的酬金

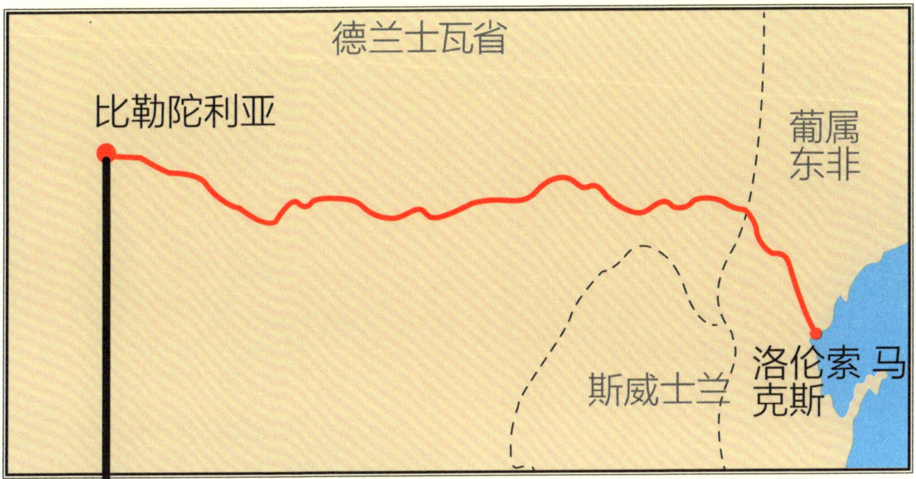

夜班列车

为防止再次被抓，丘吉尔都是夜间出行，并藏身于运送货物的列车上，九天行进了差不多300英里（500公里）到达葡萄牙统治区。

英雄归来

温斯顿回到南非成了英雄。英国新闻界对他的冒险活动大肆报道。他的名气确保了他成为公众人物的知名度需求，并为其开启政治事业发挥了重要作用。

后来，据称——尤其是丘吉尔本人所说——他所投降的布尔人军官，并非别人，而是路易·博塔将军。此人后来当选为南非联盟（1910-1919）总理，并成为丘吉尔的挚友。

政治生涯

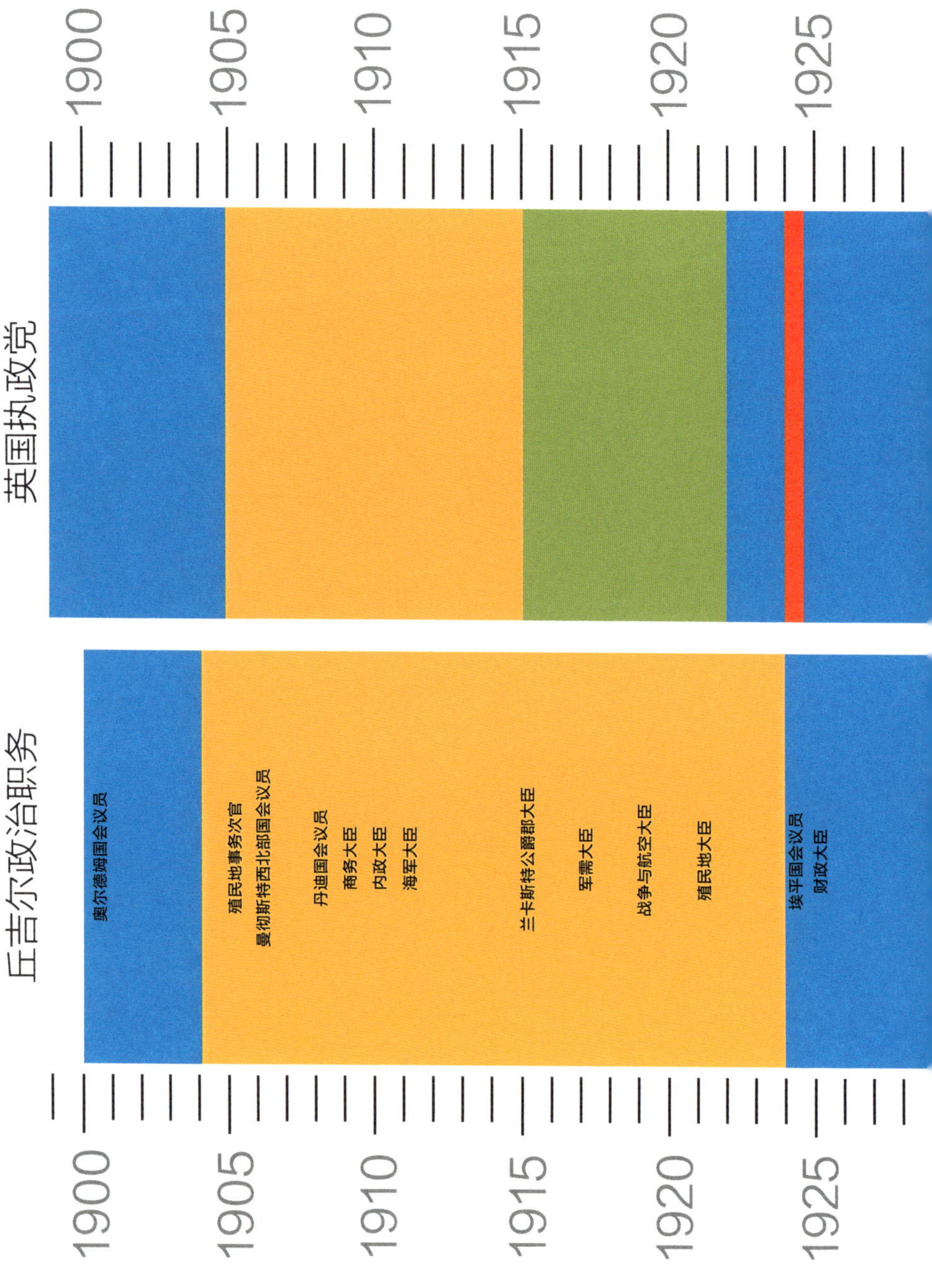

英国执政党
丘吉尔政治职务
1900
1905
1910
1915
1920
1925
奥尔德姆国会议员
殖民地事务次官
曼彻斯特西北部国会议员
丹迪国会议员
商务大臣
内政大臣
海军大臣
兰卡斯特公爵郡大臣
军需大臣
战争与航空大臣
殖民地大臣
埃平国会议员
财政大臣

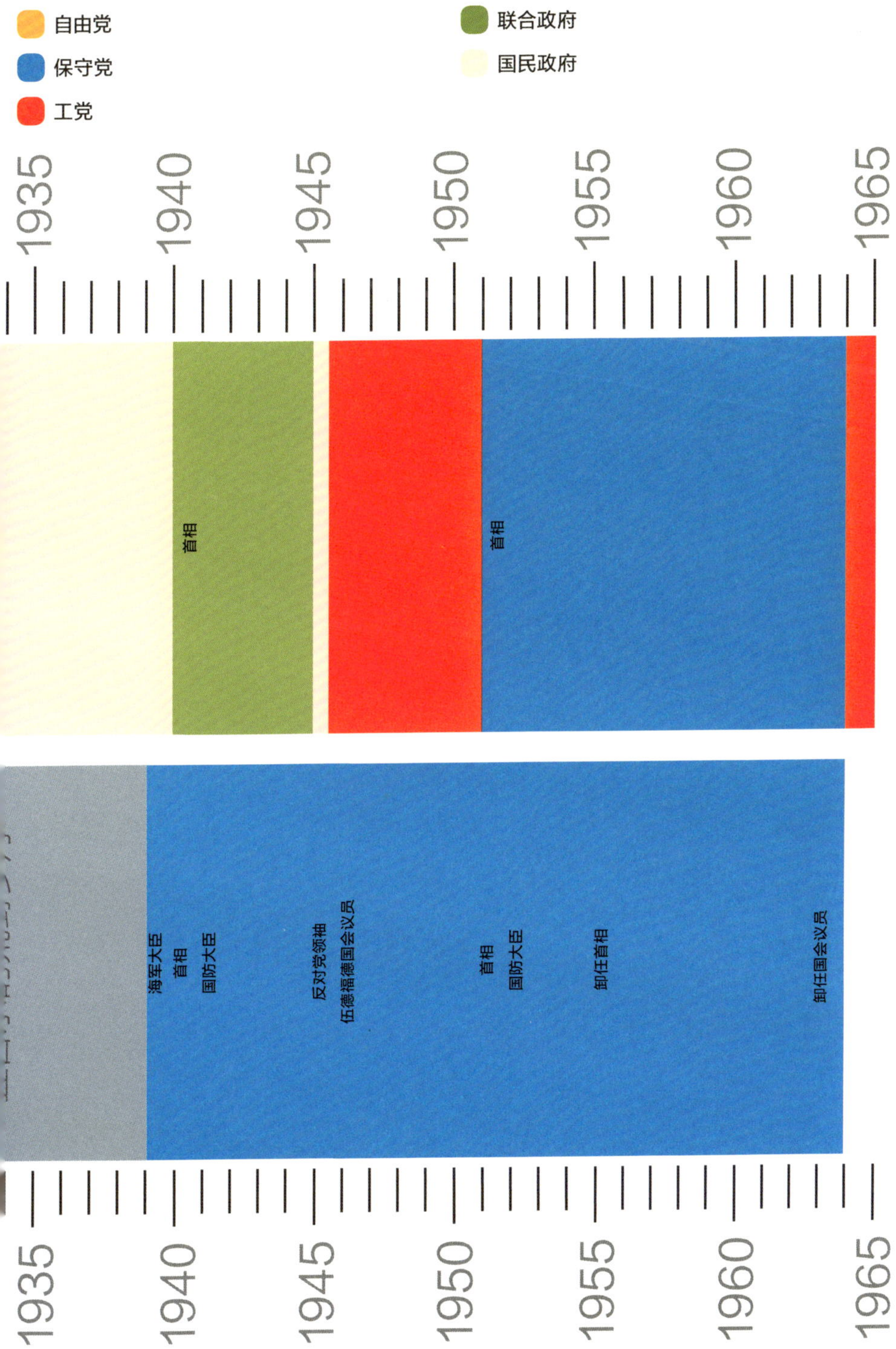
自由党
保守党
工党
联合政府
国民政府
1935
1940
1945
1950
1955
1960
1965
首相
首相
海军大臣
首相
国防大臣
反对党领袖
伍德福德国会议员
首相
国防大臣
卸任首相
卸任国会议员

温斯顿的烦恼

丘吉尔的许多疾病源于他易惹事故的性格，尽管后来担任首相的责任压力无疑也导致他身心健康衰退。1949年夏天在法国南部度假时，他轻度中风，随后1953年在唐宁街10号又遭遇一次中风。尽管身体下肢一侧局部瘫痪，他转天早上照例举行内阁会议。1955年卸任首相退休后，他在1956年12月再次轻度中风。

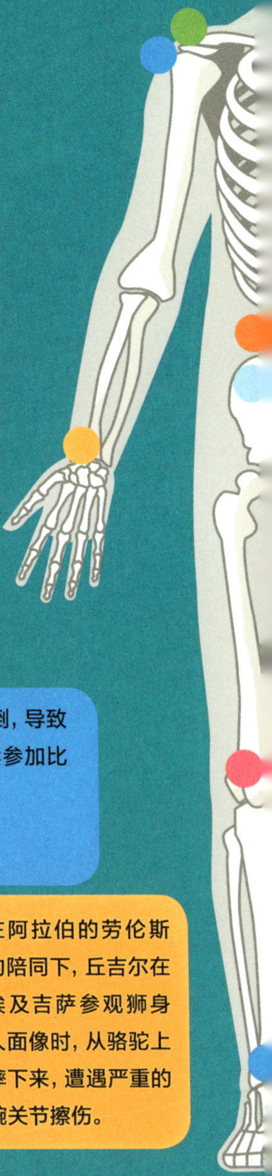

1893 十九岁的温斯顿跟朋友玩耍时，从29英尺（9米）高的桥上摔下掉树上，导致肾脏破裂卧床三个月。

1895 温斯顿参加越野障碍赛马，膝盖受伤。跟大多数好胜的骑手一样，他也经常从马鞍上摔下来。

1896 在印度孟买卸一艘军舰时，他右肩关节受伤脱臼落下病根，导致此后时不时地关节脱臼。

1899 在印度米洛特参加马球比赛前，丘吉尔在石阶上滑倒，导致肩膀脱臼和踝关节受伤。但他把右手肘绑住，继续参加比赛，打进三球——为他的球队赢得决赛。

1919 学习飞机驾驶期间，他驾驶双翼飞机坠机并受轻伤。

1921 在阿拉伯的劳伦斯的陪同下，丘吉尔在埃及吉萨参观狮身人面像时，从骆驼上摔下来，遭遇严重的腕关节擦伤。

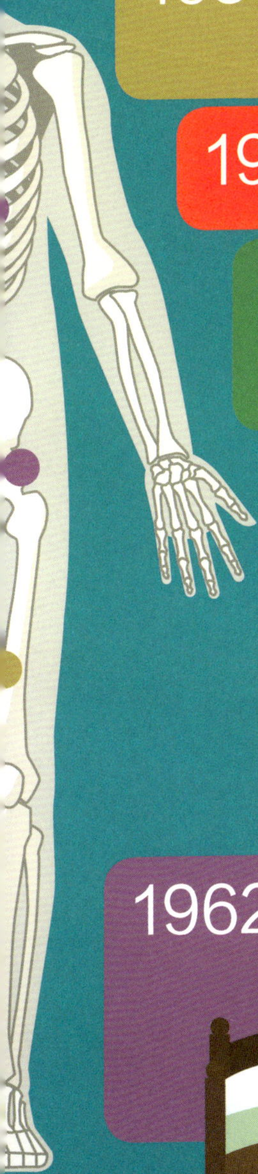

1922 遭受消化不良之苦一周后，温斯顿被诊断出急性阑尾炎。因急需做阑尾切除手术，他无法前往邓迪去守住自己在大选中的席位。

1931 在纽约第五大道过马路时，因看错方向他被汽车撞倒，住院一周，额头（留下永久的伤疤）和大腿受伤，并导致胸膜炎。

1941 日本偷袭珍珠岛，他呆在白宫期间，心脏病首次发作。

1943 丘吉尔在近东地区感染病毒肺炎病倒，接受“M&B”药物治疗，也称磺胺嘧啶，是梅和贝克制药公司生产的。

1946 丘吉尔请亚历山大·弗莱明爵士看葡萄球菌感染，该病菌已被证明对青霉素有抗药性。

1949–1893 丘吉尔遭遇中风 10 次

1949–1963 耳聋加剧

1962 八十七岁的温斯顿在摩纳哥度假时，从床上摔下来，髋部骨折。随后他感染支气管炎和肺炎，再接着遭遇血栓。

政治家之死

14年间多次中风、耳聋加重、心智越来越差，这位伟大的老政治家1965年1月24日星期日的早上在其伦敦的家中逝世，享年90岁。他的父亲也在70年前的那天逝世。

丘吉尔的灵柩停放在威斯敏斯特大厅供民众吊唁，随后在圣保罗大教堂举行葬礼。丘吉尔葬在布莱登的圣马丁教堂的家族墓地里，离其布伦海姆的出生地不远。

由于拜访参观游客人数众多，墓碑腐蚀严重。他的墓碑在1998年更换过一次，然后在2006年又再次修复。

“我准备好见上帝了。上帝有没有准备好见我再另说。”

——温斯顿·丘吉尔，在其75岁生日接受媒体采访时说

温斯顿·丘吉尔

世界

“政治壮烈近似战争，战火中一死就了，政坛上则一死再死”

——温斯顿·丘吉尔在与作家及记者哈罗德·贝格毕的谈话中所说，引摘自1906年《工人师傅》

嗜酒如命

丘吉尔从来都是杯不离酒，而且对自己惊人的酒精摄取量轻描淡写。他声称他最初不喜欢威士忌，但在印度当中尉时，那里的水不适合直接饮用，而加了威士忌后味道就好点，久而久之他便喜欢上了。通常情况下，他一天的酒精消耗量如下：

2瓶香槟

温斯顿很爱香槟，尤其是宝禄爵的香槟。他经常午饭时喝一小瓶香槟，然后晚饭时再来一瓶。他总是用一只银制大酒杯倒来喝。

2杯白兰地

丘吉尔喜欢法国白兰地——特别是海恩产的。他喜欢在午饭后午睡前来一杯，然后晚饭后再来一杯助消食。

1杯雪利酒

在他将注意力转到晚饭第二瓶香槟之前，一杯上好的阿蒙迪亚多能大大增加丘吉尔晚餐食欲。

6杯威士忌

早上九点半开始，他就要抿一口威士忌。不过不是单一麦芽威士忌，而是混合威士忌：杯底倒入少量尊尼获加红方威士忌然后加苏打水。他称这种烈酒为他的“漱口水”。

医生的嘱托

1932年他访问美国时，正值美国禁酒令盛行，为了能喝酒，丘吉尔的医生奥特·C.皮克哈特·MD给他开具处方声称“意外之后的康复期”需要饮用烈酒助康复。每天至少需要饮用250毫升酒精，相当于10杯或750毫升瓶装烈酒。

其他不同场合消耗的酒品及未定的酒量

马提尼

一款开胃酒——包括加冰的杜松子酒。丘吉尔每次喝之前总是朝被占领的法国方向点下头。

红葡萄酒

一瓶一瓶的干红葡萄酒总是出现在餐宴中，通常与苏打水混合着喝。

临睡前喝的酒

丘吉尔一天中最后一杯酒——一杯上好的波特酒或是一杯90年的白兰地——一般在晚上10点左右喝，喝完他再工作四小时，然后去休息。

战争和酒宴

1899年，25岁的丘吉尔作为《晨邮报》记者前往南非英布战场，随身携带了英国贵族绅士必备物品：

36瓶葡萄酒和波特酒

18瓶10年苏格兰威士忌

6瓶法国苦艾酒

用笔赚钱

1895年，作为一名年轻的骑兵军官，丘吉尔的年薪在121英镑，相当于现在的14500英镑。加上每年他母亲给他的500英镑（相当于现在的59900英镑），按季度支付。尽管如此，他仍经常入不敷出。

精打细算之后，他仍需要赚更多的钱。于是他开始筹划通过军职晋升之外的方式来赚钱。他利用母亲的社会关系安排自己到动荡的地方去，在那里有可能爆发军事行动，然后他可以作为伦敦多家报纸的战地记者在那些地方进行军事报道赚取收入。

战地记者

250英镑每月

加上开支

相当于今天

29250英镑

军队工资

10英镑每月

相当于今天

1200英镑

津贴

41英镑每月

相当于今天

4900英镑

古巴

尽管在古巴只呆了三周，丘吉尔为《每日画报》有偿撰文报道他在古巴的事迹。那时他学会了基本的政治分析、军事策略及如何与国外军队联络。

西北边境

丘吉尔的文章在印度《阿拉哈巴德先驱报》和《每日电讯报》上发表。同时在1897年底，他完成了他的第一本书《马拉坎德远征史》。

苏丹

1898年在苏丹服役期间，丘吉尔为《晨邮报》撰文写报道，后来他在其书《河上战争》里描述了马赫迪战争，该书于1899年分两卷出版。

南非

1899年丘吉尔成为《晨邮报》的战地记者前往南非，来年他便出版了《从伦敦到莱迪史密斯借道比勒陀利亚》。该书主要讲述他在第二次英布战争中及其后被捕、监禁的经历。关于英布战争的话题，他在其后的另一部作品《伊恩·汉密尔顿的进军》中也有描述。

为什么他的报道酬劳那么高？

他的报道栩栩如生、生动形象，充满刺激血腥的冒险故事，引人入胜且推动报纸销量。

助力战争胜利的假牙

有言语障碍的人经常会努力隐瞒或克服这种缺点。而年少的温斯顿，与父亲一样有类似语言阻碍，他选择寻求专家的帮助。通过勤奋练习和坚持不懈，他克服了自己口吃的问题。然而，在后来的生活中，他却花了相当长时间来保留自己的舌侧音特色，其中字母‘S’和‘Z’的发音是通过舌头两侧而不是前面的气流产生的——这在他战时的广播演讲里，已成为他最可识别的一大特色。第二次世界大战伊始，年轻的牙科技师德里克·库得利普为丘吉尔定制了四套上颌假牙套，它与嘴巴顶部没有完全连接，也因此保留了他独有的发音特色。丘吉尔在任何场合都会带着一套备用牙套。

国家服务

当库得利普的入伍文件到达时，丘吉尔将其撕毁，说如果他留在伦敦修复他的假牙，而不是入伍打仗，将会对战争发挥更重要的作用。由于丘吉尔生气时常取出假牙乱扔在屋子里，他的这个决定似乎很有根据。

2010年丘吉尔生前一套假牙在拍卖会上以15200英镑的高价被一位英国丘吉尔纪念品收藏家拍得。该价格是原先预估价的三倍。

“我的口吃不是累赘”

——丘吉尔在提到自己咬舌时所说

国王的演讲

丘吉尔的同代人，同样努力克服自身语言障碍，而不是屈服于它的便是新加冕的乔治六世国王。在澳大利亚演讲和语言治疗师莱昂内尔·洛格的辅导下，他克服口吃的毛病，并在1939年英国对德国宣战时首次进行战时电台广播。

黑狗

虽然丘吉尔可能没患有临床抑郁症，但他很容易经历恐惧、焦虑和绝望状态。在他黑暗的时期，他会变得嗜睡、食欲不振和注意力不集中，甚至是卧床不起。几个月之后，他又会重新焕发活力，通常会一直熬夜至凌晨，写书或者写演讲稿。

他把这种抑郁时期称作他的“黑狗”，这是18世纪80年代英国作家塞缪尔·约翰逊最早用来描述自己状况的一个术语。丘吉尔在1911年给克莱门汀的一封信中引用了一位朋友妻子的话——他的妻子因为抑郁症接受一位德国医生的治疗——“如果我的黑狗回来，我认为这个人可能对我有用。他现在似乎离我很远。这是一种解脱。生活中所有色彩都回来了。”

丘吉尔并没有服用抗抑郁症药物——尽管有人认为酗酒也是他的一种自我治疗方式——但是，1953年中风后，在出席重要演讲和活动场合，他也会服用安非他命来抵抗焦虑。虽然丘吉尔明白身处他这样责任极其重大的职位，焦虑和精神压力是无可避免的，他也在其作品《绘画作为消遣》中有所提及。他的两大兴趣爱好：绘画和砌砖也是他消解压力的方式。

老习惯……

最爱的雪茄品牌：罗密欧与朱丽叶

温斯顿每周抽70支雪茄

一生中大约抽250000支！

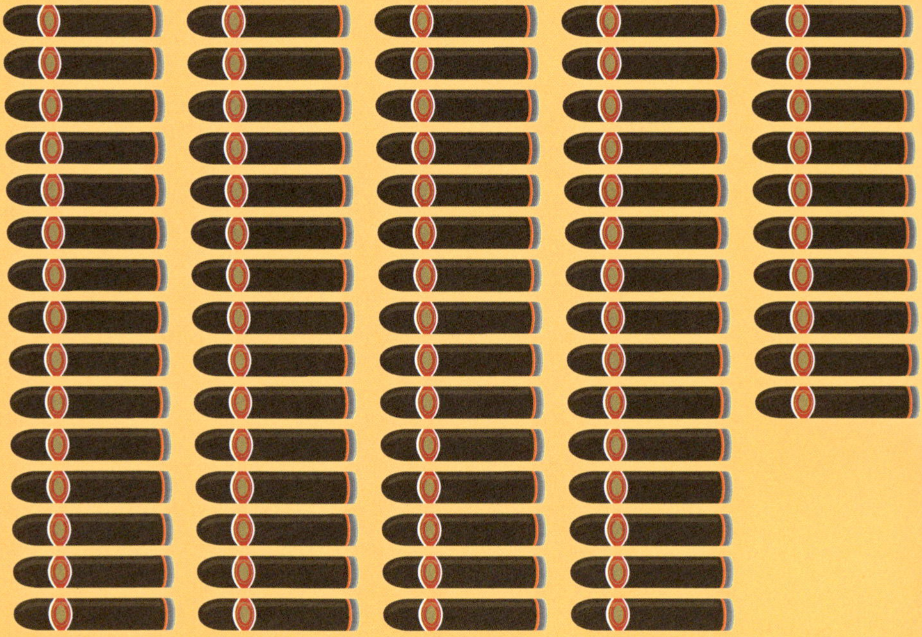

跟其他两位著名的雪茄爱好者比试比试？

乔治·伯恩斯

105

支雪茄每周

烟斗梦

据丘吉尔的贴身男仆诺曼·麦高恩描述，丘吉尔很少完全抽完一支雪茄。诺曼曾被指控收集丘吉尔抽剩的烟头给一位名叫卡恩斯的园丁装在烟斗里抽。卡恩斯是丘吉尔家乡查特韦尔庄园的一名园丁。

西格蒙德·弗洛伊德

140

支雪茄每周

温斯顿印象

温斯顿·丘吉尔是一位才华横溢、笔触细腻的业余画家。他的绘画爱好是在1915年他从政府部门辞职后培养起来的，当时他40岁。绘画让他找到心灵的慰藉，也得以逃脱抑郁的状态。一直到晚年他还保持这项爱好。

比起水彩，他偏爱油画。他擅长写意山水，也画内饰和肖像。他的导师是英裔法国艺术家保罗·吕西安·梅斯，他俩相识于第一次世界大战的战壕中，而后成为终身的朋友。

和许多艺术家一样，生前，丘吉尔的绘画作品价格适中，但他去世后，其作品价值却飙升。尽管对于温斯顿而言，与他的文学作品不同，他从未将其绘画视作收入的来源。

1921

4 幅画，在巴黎展出，每幅画作售价30英镑。

1947

2 幅画，以笔名的形式提交给皇家艺术学院，并获认可通过。

2011

229万英镑

《库图比亚清真寺塔》在美国拍卖时的价格，丘吉尔曾将该画赠予美国杜鲁门总统。

2015

在丘吉尔最后一位在世的孩子玛丽·索姆斯逝世的时候，英国接受了其37幅丘吉尔的油画代替遗产税。这些收藏品本可以抵扣940万英镑的税收——超出了需要上缴的数额——但是索姆斯的遗嘱执行者放弃追究这一差异。

2014

《查特韦尔庄园的金鱼池》拍得180万英镑的价格。

180万英镑

在超过48年间，丘吉尔画了超过500幅绘画作品。

“等我上了天堂后，我打算第一个100年里，花相当多的时间在绘画上，这样我就能深入主题……”

——丘吉尔在1932年的《思与行》一书中谈及他对绘画的热忱时所说。

丘吉尔曾使用“查尔斯·莫林”和“冬日先生”这两个笔名发表作品，以便他的技艺可以单纯从艺术价值上获得公正评估。

人靠衣装

丘吉尔身着大衣，头戴小礼帽以及永远不离手的古巴雪茄形象十分引人注目，但实用性和舒适性是他衣橱的主要标准。

温斯顿的连体服

丘吉尔发明了“警笛套装”，这是一款实用的一件式拉链外套，旨在方便空袭时穿戴。结合了连衫裤工作服和儿童连体服的特点。滕博阿瑟的裁缝们为他缝制了几套不同颜色的天鹅绒和其他面料的套装，包括一套利落的细条纹款式。丘吉尔的孩子们把这些衣服形容为他的“爬衣”。

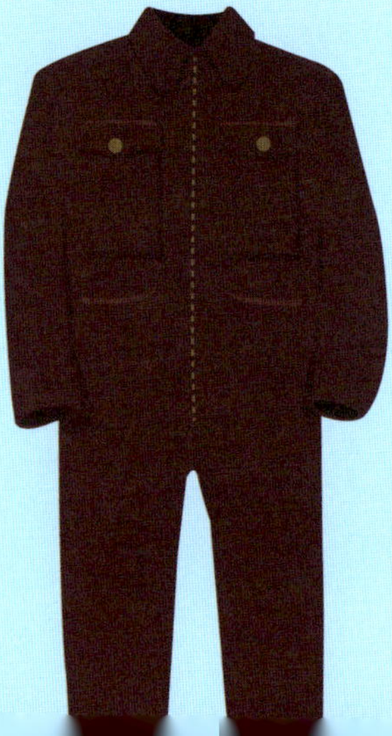

拖鞋

**劳累的一天结束后，丘吉尔会
上印有徽饰的拖鞋放松双脚
该鞋由胡克·诺尔斯公司为其
制。**

帽子

帽子表现丘吉尔的个性，而许多是增加他的身高，使他在人群中显眼。除了在军队和正式场合穿戴的帽子——高顶皮军帽、遮阳帽（C）、丝质礼帽（D）、三角帽之外，丘吉尔还拥有许多斯泰森毡帽（E）、汉堡帽（B）和圆顶礼帽，包括加高的剑桥款圆礼帽，他昵称为“鲍克”（A）。

B

C

D

E

领结

丘吉尔说，他戴着斑点领结是为了向他远方的父亲致敬，并试图取悦他。

丝质内衣

温斯顿的内衣是用精致的丝绸制成，购置于陆军和海军商店。颜色是淡粉色，其柔软性至关重要，他声称是为了保护他脆弱敏感的肌肤。根据他的妻子克莱门汀的说法，在战时，丝绸是一种奢侈，价格昂贵到“令人惊到掉下巴”。

阿斯特拉罕大衣

丘吉尔经常穿着他独具特色的四扣毛领阿斯特拉罕大衣。

5 件你所不知的丘吉尔轶事

01 砌砖匠

丘吉尔是一名娴熟的砖匠，他也是建筑业工人联合会的一名成员。他发现砌砖能使他放松，他在查特韦尔庄园建了几栋楼墙。

02 铸币

丘吉尔的形象出现在1965年的1克朗硬币上，这是首位平民形象出现在英国的货币上。

03 高空问题

1942年，在一次乘坐非增压飞机飞往莫斯科途中，所有乘客都需要佩戴氧气面罩。丘吉尔为了戴上它还能抽烟，还改装了氧气面罩。

04 荣誉市民

1963年，美国总统约翰·K.肯尼迪依据美国国会法授予丘吉尔美国首位荣誉公民称号。尽管丘吉尔无法亲自前往白宫参加授予仪式，他的儿子和孙子代他接受了这一荣誉。

05 好赌之徒

丘吉尔是个赌瘾很重但不幸运的赌徒，他无法抵挡赌场里的一切。20世纪30年代，在法国南部度假的时候，他赌得如此之大，以至于他每年挥霍掉的财富相当于现代的40000英镑。

温斯顿·丘吉尔

03 工作

10

“我感到自己在与命运同行。过去所有的生命不过为这一刻准备。”

——温斯顿·丘吉尔，1940年5月10日被任命为首相时所说，摘自1948年《第二次世界大战，卷1：风云紧急》

四处奔走的人

丘吉尔是一位雄心勃勃的行动家。他热衷于技术，特别是航空业，并且是现代化的坚定倡导者。在第一次世界大战前夕、战争期间以及随后的战后联盟中，他不仅在政府方面，而且在大英帝国的未来发展方面发挥了作用——尽管他作为军事战略家的成就几乎被灾难性的加利波利战役所湮没。

1911

1911年10月丘吉尔被任命为英国海军大臣，他支持舰队现代化，启动了用石油替代煤炭作为战舰燃料的项目。

1913

在威尔特郡中央飞行学校，丘吉尔爬上BE2a双翼飞机的驾驶舱学习飞行时，飞机的历史还不到十年。

1915

丘吉尔在海军的资助下于2月成立了陆舟委员会，负责开发用于西线的装甲战车。这便是坦克的雏形。

作为加利波利登陆计划的政治和军事缔造者之一，他对这一灾难性的战役负有大部分责任，这场战争最后导致所有部队令人耻辱的撤离。

1916

1915年加利波利战役后，丘吉尔辞去政府职务，并重新加入英国陆军，意图重新挽救他受损的名声。他被任命为陆军中校，指挥第六皇家苏格兰燧发枪团，当时他驻扎在西线的比利时普洛切塞特。

1917

尽管不满丘吉尔
政治和个人动机，首相
卫·劳合·乔治还是任命他
军需大臣，该职务于1915年因
线炮弹短缺而设立。

919

吉尔被任命为战争大臣

空军大臣。8月，在他的建议

，“十年规则”正式生效。该规

规定：如果未来十年大英帝国不

卷入重大战争，则财政部有权控制

国家战略、外交和财政政策的制定。

丘吉尔支持在伊拉克使用催泪瓦斯，虽然后来轰炸被证实有效，催泪瓦斯便不需要了。

1920

作为一名海外干涉的倡导者，丘吉尔延长了盟军参与苏联内战的时间，在最后一支英军撤退后，他又安排送给波兰人武器，以支持他们入侵乌克兰。

1921

在爱尔兰独立战争期间，丘吉尔的心血结晶——准军事部队“黑棕兵团”被派去协助皇家爱尔兰警察局对抗爱尔兰共和军(IRA)。作为殖民地大臣，他签署了《英爱条约》，最终成立了爱尔兰自由帮。

1923

作为伯马石油公司的有偿顾问，丘吉尔通过游说成功地促使该公司获得了对波斯(伊朗)石油资源的独家控制权。

1924

丘吉尔回到保守党后，作为财政大臣，他提出了一项恢复战前汇率和“金本位制”的预算，这后来被他认为是他生命中所犯的最大错误。这样的预算抑制了工业的发展，特别是煤炭和棉花行业，从而导致了通货紧缩，引发失业和矿工罢工及随后的1926年大罢工。

1929

保守党政府大选失败后，丘吉尔因保护性关税和印度自治主张分歧与保守党领导阶层疏远，进入了他的“荒野岁月”。

日常

1911年1月4日

悉尼街的围攻

200名警察和21名军队神枪手与2名武装无政府主义分子的枪战

12月17日在伦敦东区爆发了一起警察和军队联合对抗两名拉脱维亚无政府主义分子的暴力事件，并引发一起珠宝抢劫未遂事件，导致三名警察遇害，两人受伤以及拉脱维亚帮派领导人死亡。

1月3日，警察在斯特普尼将悉尼街100号包围。当时两名无政府主义分子弗里茨·斯瓦兹和威廉·索科洛夫藏身在索科洛夫的情妇贝特西·格申夫人的二层楼公寓里。随后双方发生了交火冲突，警察发现自己火力不敌对手便召集来军队。

数百名路人和几十名记者见证了这一场面，现场的百代新闻公司的摄影机也拍下了这些镜头。这场围攻成为英国历史上首段被胶卷记录下的冲突事件。颇有争议的是，这些影像资料显示，一名头戴高顶大圆礼帽身穿阿斯特拉罕大衣的绅士一直站在警戒线边上观察整个事件进展，似乎还时不时对现场发号施令。

数小时后，房子着火，索科洛出现在楼上的一扇窗户边，随后被一名射手击毙。警方拒绝让到场的消防员来灭火，内政大臣丘吉尔先生也支持该决定。当消防员最终获得准入时，有五名消防员因墙壁倒塌受伤。

这起案件引发了民众对自由党移民政策的质疑，该政策允许大量外国人从俄国入境。据报丘吉尔会提出一项法案来收紧《外侨法令》，尽管这可能不会成为律法。

警察火力不足的问题也愈加显现。最终韦伯利·斯科特公司的.32口径MP半自动手枪被引入伦敦警察厅。

传记

Price 1d

“我现已介入来解决这一当时十分激烈的争端。我作为内政大臣告诉消防队官员，这栋房屋可以任其烧毁，但他必须随时待命，以防止大火扩散。”

——温斯顿·丘吉尔，1932年的《思与行》

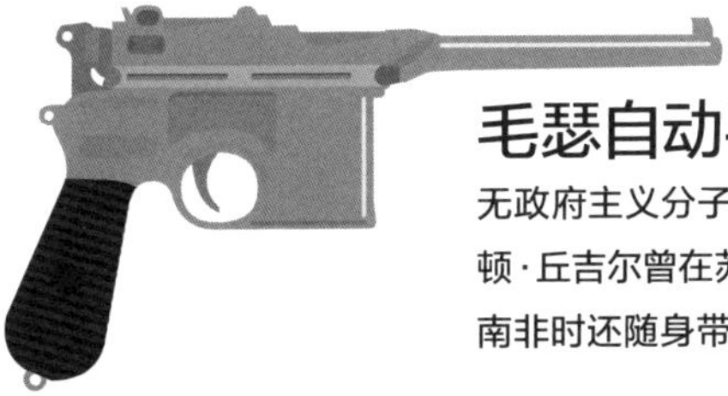

毛瑟自动手枪

无政府主义分子所使用的手枪，该手枪发射迅速。温斯顿·丘吉尔曾在苏丹使用过毛瑟C96手枪，1899年他前往南非时还随身带着它，因此他知道这种枪的厉害之处。

丘吉尔的蠢事

加利波利战役 1915年4月25至1916年1月9日

作为海军大臣，丘吉尔提出了对奥斯曼帝国首都君士坦丁堡（现伊斯坦布尔）发动海上进攻的计划，以保住38英里（60公里）的达达尼尔海峡的战略地位，该海峡将欧洲和亚洲分隔开来。

因低估奥斯曼军队实力且分配过来参战的英国军队比丘吉尔向战争办公室所要求的数量少，导致英方在加利波利半岛遭受袭击，随后遭受陆地侵袭，澳新军团（ANZAC）成员国被果断击退。经过九个月的激烈战斗，双方都造成了毁灭性的伤亡，入侵部队撤回到埃及。

替罪羊

加利波利的惨败，丘吉尔并不是唯一的责任人，但他被指责的很多。民众的强烈抵制使政府陷入混乱，首相赫伯特·阿斯奎斯领导的自由党不得不与保守党组成联合政府。作为两党联合的条件，丘吉尔被踢出内阁。他于1915年辞去政府职务，并作为一名步兵军官前往法国前线，直到1917年他才重返政坛。

大英帝国

战争中伤亡、失踪及沦为战俘的人数

205000

法国

战争中伤亡、失踪及沦为战俘的人数

47000

奥斯曼帝国

战争中伤亡、失踪及沦为战俘的人数

251309

总死亡人数

108843

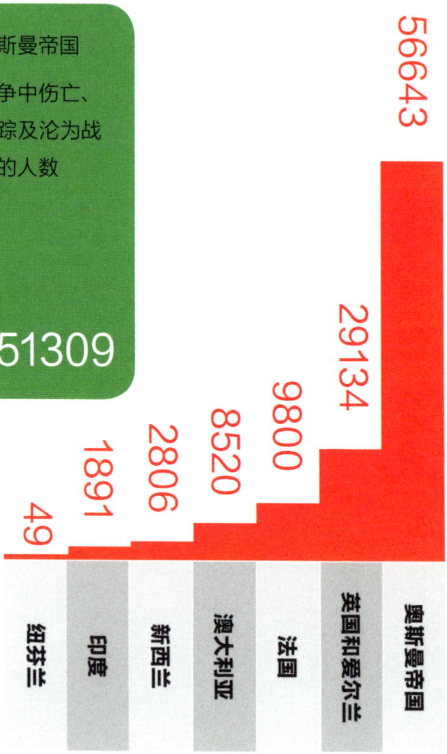

图例
5月6日被占领的地区
6月4日被占领的地区
8月6日至12月20日被占领的地区（苏尔瓦·安扎克部队）
主要防御工事
堡垒和炮台
雷区
土耳其
布莱
加利波利
土耳其
伯加利
达达尼尔海峡
麦多斯
恰纳卡莱

首相最佳人选

在20世纪30年代丘吉尔的“荒野岁月”中，他的许多演讲和媒体文章显示了他强烈的信念，当时这种信念被认为十分极端且大多不被当权者所理会。但当他在第二次世界大战中途被任命为首相时，他慷慨激昂的精力、无限的勇气和一心一意的特质，激励着这个深陷战争泥潭的国家对抗来自纳粹的威胁。

1934

在2月7日的一次有关国防的演讲中，他主张重建皇家空军并成立国防部。

1936

6月，国王爱德华八世想要不经政府和人民的批准迎娶美国社交名媛沃利斯·辛普森，他的这一行为后来导致其退位。尽管丘吉尔反对这桩婚事，但他还是支持国王。由此他的名誉也受损。

1939

9月3日，英国向德国宣战那一天，丘吉尔再次被任命为海军大臣，作为首相内维尔·张伯伦战时内阁的一员。

1930

虽然不在政府任职，丘吉尔仍然直言不讳地抨击印度的自治政策，强烈反对20世纪20年代甘地的非暴力不合作运动。据报道，丘吉尔支持如果甘地继续绝食罢工，那就让他死亡。

1933

他是印度防御联盟的创始人，这是一个致力于保持印度在大英帝国统治下的压力集团。他预测如果印度获得独立的话，英国将面临大量失业而印度则会发生内乱。

1931

丘吉尔对德国重整军备的行动提出警告。

1940

5月10日，德国入侵法国和低地国家的那天，张伯伦辞去首相职务，国王乔治六世请求65岁的丘吉尔接任张伯伦的首相职位领导联合政府。

6月22日法国投降后，丘吉尔和他的大部分内阁成员拒绝考虑与德国停战，并且他要求英国做好长期战争的准备。

丘吉尔

演讲风格

措辞精准

韵律分明

论据丰富

类比清晰

用词考究

政治成就

政府大臣／政党党魁

最高职位：首相

9年首相任职（1940-1945；1951-1955）

6年国防大臣（1940-1945；1951-1952）

90

生于1874年，卒于1965年

180万英镑
2014年他的一幅画作售价

著书
43
部

阿道夫·希特勒

作为第二次世界大战敌对的双方，温斯顿·丘吉尔和阿道夫·希特勒都善于通过精雕细琢的演讲来吸引大量观众。但他们的表达方式有多相似呢？

纳粹党（德国国家社会主义工人党）

最高职位：德国元首兼总理

11 年元首任职（1934–1945）

12 年总理任职（1933–1945）

演讲风格

手势众多

音域完整

节奏多变

焦点集中

情感丰富

56

生于1889年，卒于1945年

45万美元

2015年他的一些画作总售价

著书

2

部

不列颠之战

1940年7月10日
至10月31日

战争真正打响一个月前，“不列颠之战“这一叫法便已出现，当时温斯顿·丘吉尔在下议院发表讲话时说起。1940年6月18日，他说：“·····法兰西之战结束了。不列颠之战即将开始。基督文明的存亡系此一战。英国人民的生死系此一战，我们的制度以及英帝国的国祚能否延续亦系此一战。不久敌人将倾全力向我们猛扑过来。希特勒深知如不能在英伦岛上击溃我们，他便将彻底失败。如果我们能抵御住他，整个欧洲便可得到自由，全世界便可走上阳光灿烂的广阔大道。但是，如果我们失败了，那么整个世界，包括美国，包括我们所熟悉所热爱的一切，将陷入一个新黑暗时代的深渊。发达的科学使这个黑暗时代更险恶、更漫长。因此，让我们振作精神，克尽职责。倘若英帝国及联邦得以永世长存，人们将说道：‘这是他们最光辉的时刻’。”

“从未有如此之少的人，在如此之短的时间内，为如此之多的人，作出如此之大的牺牲。”

——丘吉尔，1940年8月16日在离开英国皇家空军阿克斯布里奇基地第11大队地下指挥中心时说道。

所有机组人员将近
3000
人

595
名飞行员来自英国自治领、被占领的欧洲或中立国家

平均年龄
20岁

历时4个月的不列颠之战，参加作战飞机数目

纳粹德国空军 2600

英国皇家空军 1960

遇难机组人员数目

40000

平民遇难

损失飞机架数：

1942年的欧洲笼罩在纳粹的阴影之下

只有英国和前苏联在反抗纳粹。美国也不再置身事外。丘吉尔参与了与罗斯福和斯大林的秘密谈判，协调三方联合起来采取一致行动，粉碎纳粹的猛烈攻势。为此，丘吉尔时常出访国外。

第二次世界大战期间，在纳粹分子的眼皮底下，丘吉尔化名为“沃登上校”进行了前所未有的外交之旅，不仅有他为鼓舞法国士气而十多次跨海峡去往法国的短途旅行，还有他为参加在世界各地举行的会议，往返于莫斯科、马耳他、纽芬兰、雅尔塔、魁北克、卡萨布兰卡、开罗、德黑兰、阿根廷和华盛顿。他一般乘坐英国战列舰或改装过的B-24解放者轰炸机及后来改装的重型轰炸机出行。

25 次出访

369 天不在国内

16 次秘密会议

339 小时空中飞行

179000 公里旅程

特殊关系

经常说起的英美间的“特殊关系”并非是个现代联盟，它在19世纪便已存在。第二次世界大战期间，英美间的特殊关系在温斯顿·丘吉尔和富兰克林·罗斯福总统之间的密切友谊中得到力证。早在1940年，这两位领导人就已经开始通信往来。到1941年日本袭击珍珠港，美国正式卷入二战冲突之后，他们开始了一系列会晤来制定共同战略，以击败轴心国军队。

1940–1945

1700 封书信和电报往来

25次秘密会面

狮子的怒吼

第二次世界大战最黑暗的时期，丘吉尔激动人心的战时演讲和无线电广播向人们传达出乐观与自信，激励着同盟国的军队奋力联合抗敌，鼓舞着人们坚持守卫已陷入困境的家园。

1 《热血、辛劳、眼泪和汗水》 1940年5月13日

当上首相后，丘吉尔在他的首次演讲中指出反对纳粹的斗争将决定英国自身的存亡。

关键台词：

“我没有什么可以奉献的，有的只是热血、辛劳、眼泪和汗水。摆在我们面前的，是一场极为痛苦的严峻考验。在我们面前，有许多许多漫长的斗争和苦难的岁月。你们问：我们的政策是什么？我要说，我们的政策就是拼尽我们全部能力，用上帝所给予我们的全部力量，在海上、陆地和空中进行战斗。”

2 《我们将在海滩上作战》 1940年6月4日

英国远征军从敦刻尔克撤退之后，丘吉尔发出警告，称纳粹德国可能侵略英国，并重申英国将在必要时单独作战。

关键台词：

“……我们将在海上作战，我们将以越来越大的信心和越来越强的力量在空中作战，我们将不惜一切代价保卫本土，我们将在海滩作战，我们将在敌人的登陆点作战，我们将在田野和街头作战，我们将在山区作战。我们绝不投降。”

3 《他们最光辉的时刻》1940年6月18日

法国向德国寻求停战两天后，丘吉尔警告说，如果英国不击退纳粹，全世界都将遭殃。

关键台词：

“但是，如果我们失败了，那么整个世界……包括我们所熟悉所热爱的一切，将陷入一个新黑暗时代的深渊……因此，让我们振作精神，克尽职责。即便英帝国及联邦得以永世长存，人们仍将会说：‘这是他们最光辉的时刻’。”

4 《少数人》1940年8月20日

丘吉尔的演讲提到的是正在为不列颠之战努力奋战的英国皇家空军战士。

关键台词：

“除了有罪的敌人家庭，大不列颠岛上的每一个家庭，大英帝国乃至全世界的每一个家庭都应感激你们，空军勇士们以无畏失败的精神勇敢迎接挑战，通过他们的努力和奉献，正扭转着世界战争的局势。”

5 《给我们工具》1941年2月9日

丘吉尔针对英国本土的无线电广播演讲，同时也是向国际社会发出警告，警惕纳粹对巴尔干和前苏联的威胁。他呼吁正在批准《租借法案》的美国向英国提供军事援助。

关键台词：

“相信我们，给我们你们的信念和你们的祝福。天意如此，一切都会好的。我们不会失败或动摇；我们不会变弱或疲倦。无论是战争的突然冲击，还是旷日持久的防守和劳累考验都不能消磨我们的斗志。给我们工具，我们将完成这项工作。”

丘吉尔的维恩图

丘吉尔在三个主要领域的影响力显示了贯穿他整个生活和事业的个性和行为。

贵族

首先他出身贵族，贵族阶层对生活方式、道德规范和特定生活水准有着共同的期许。但是良好的成长背景并不一定能带来财富。

在他成年生活中，他心爱的妻子克莱门汀和他们的孩子成为他家庭生活中坚实的骨干力量，让他得以从对国家责任所承受的压力中暂时解脱出来。丘吉尔塑造了自己高辨识度的形象——从著名的V字型手势到永远不离手的雪茄，以及考究的穿着，甚至说话都有其独特的唇齿音。

温斯顿从小就有雄心壮志，他意识到他精湛的英语语言能力，以及他自学成才的历史、政治、文学和艺术知识可以通过写作为自己获得巨大收益。

政治

温斯顿的父亲虽然年纪很轻去世，但丘吉尔很敬重他，学习他的政治智慧并从其父亲成功与失败的政治经历中吸取教训；而他的母亲——尽管时而与她儿子疏远——帮助他在职业发展道路上发挥了重要作用。

所有这些因素，加上他的个人独断和毫不掩饰的自我推动，促使他从下议院的席位中崛起，到达英国政治生活的巅峰——首相。第二次世界大战期间，他的爱国主义和英雄主义精神，以及不屈不挠绝不屈服的精神，最终让受困的英国人民紧紧抓住，鼓励人们为争取战争胜利继续努力。

艺术和文学
历史学
谱系学
诗歌
自学成才
莎士比亚
《圣经》
能言善辩
武断专行
战地记者
爱德华 · 吉本
托马斯 · 麦考莱
金钱
写作
绘画
争
险
国主义
雄主义
不妥协
道夫 · 丘吉尔勋爵
贵族
穿着／形象
酒精／雪茄
财产
妻子／孩子
伦道夫 · 丘吉尔夫人

铁幕

1946年3月5日

“从波罗的海的斯德丁到亚得里亚海边的的里雅斯特，一幅横贯欧洲大陆的铁幕已经降落下来。在这条线的后面，坐落着中欧与东欧古国的都城。华沙、柏林、布拉格、维也纳、布达佩斯、贝尔格莱德、布加勒斯特和索菲亚——所有这些饱经沧桑的城市及其居民无一不处在苏联的势力范围之内。”

——温斯顿·丘吉尔，1946年3月5日在密苏里州富尔敦的威斯敏斯特学院发表演讲

丘吉尔在1945年大选失败后不再担任英国首相。1946年3月，他前往美国密苏里州富尔顿，并在威斯敏斯特学院发表了题为《和平砥柱》的演讲。在演讲中，丘吉尔提到了西方集团对东欧集团的态度，被广泛认为是打响冷战的第一枪。自此，冷战开始并持续到1991年才结束。与他一同站在演讲台上的是杜鲁门总统。他在1945年4月罗斯福去世后，继任美国总统。丘吉尔强调需要保持英美的密切关系，并防止共产主义蔓延。

斯大林的反应

丘吉尔提到同盟国在第二次世界大战结束时对前苏联的不信任，激怒了前苏联领导人斯大林，他认为这次演讲是“战争的威胁”。

在这个具有里程碑意义的演讲中，他提到了“铁幕”。这是一个最初应用于剧院幕帘的术语，但丘吉尔将其作为第二次世界大战后分裂欧洲的隐喻边界的名称，柏林墙和其他边界防御体现了这一名称。

温斯顿·丘吉尔

04
遗产

“记住他，因为他救了大家：他的身材矮胖，不是很高大，但总会让人觉得魁梧强势；娃娃脸、翘鼻子、方下巴，迷蒙的眼睛有时还噙有泪水；他穿着品位如同一位受挫的演员，那些衣服如果穿在不太出色的人物身上会显得滑稽可笑……”

摘自1966年《美国传统图片史：第二次世界大战》，作者C.L.苏兹贝格

不希望发生行动

“不希望发生行动”是丘吉尔葬礼的代号，属于隆重的国葬，由皇室法令批准。此等荣誉对于英国平民来说十分罕见，但鉴于这位政治家在历史中举足轻重的地位，这样的葬礼于他十分相称。

在海德公园发射90发加农大炮，每一炮象征着丘吉尔生命中的一年。

策划12年

1953年丘吉尔中风后，英国政府便已开始为他的国葬作筹备。

全球3.5亿人通过电视收看

举国吊唁

从1月27日直至1月30日举行葬礼仪式，丘吉尔的灵柩一直停放在威斯敏斯特大厅供民众吊唁。

300000

吊唁者列队缓缓经过他的灵柩，向他告别

葬礼仪式

早上9点45分钟，大本钟敲响，标志着豪华的葬礼仪式开始，然后大本钟在当天剩下的时间里一直保持静默。

主要的教会仪式在圣保罗大教堂举行，参加仪式的政要人士如下：

6位君主
6位总统
16位首相、总理
112个国家代表
女王及皇室成员

100 万民众在葬礼仪仗队行进沿途列队送行

灵柩转移到MV·哈文格尔号上，沿着泰晤士河一路向上到达节日大厅码头，沿途16架皇家空军战斗机一路低空飞行护送，同时岸边的航运起重机也都放下停工。

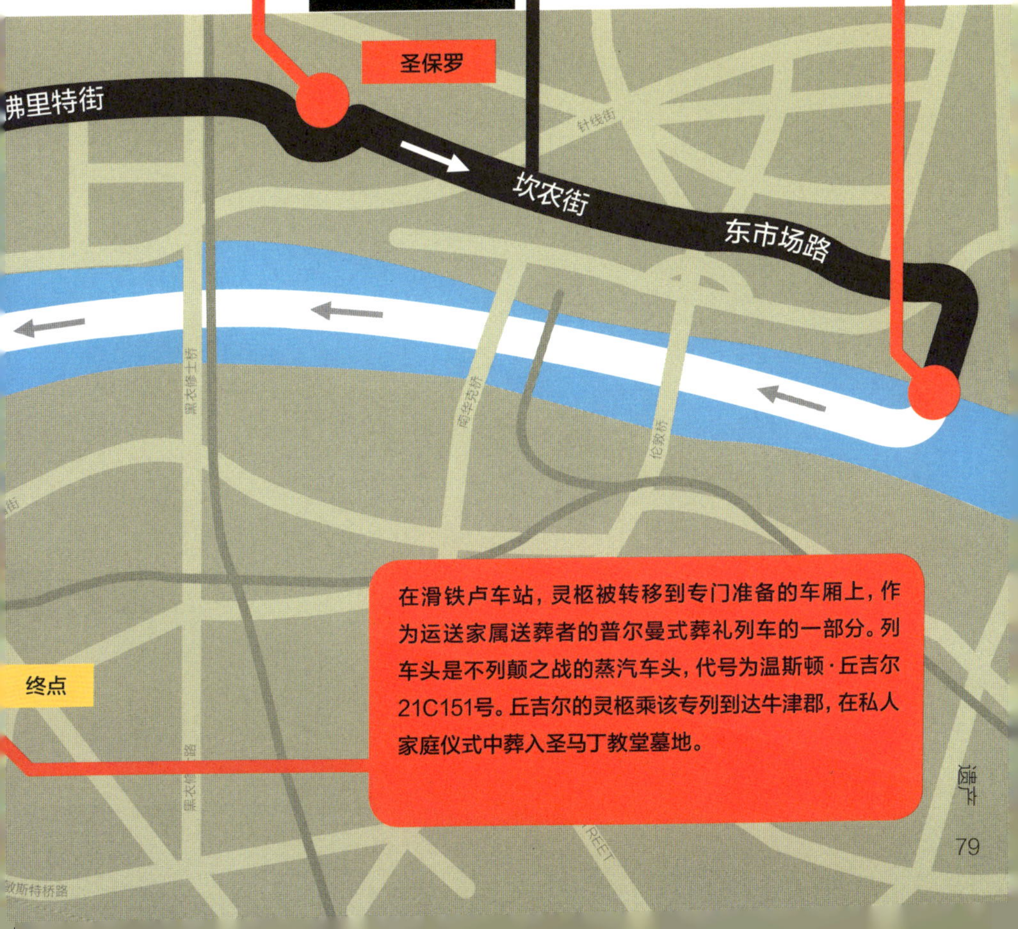

在滑铁卢车站，灵柩被转移到专门准备的车厢上，作为运送家属送葬者的普尔曼式葬礼列车的一部分。列车头是不列颠之战的蒸汽车头，代号为温斯顿·丘吉尔21C151号。丘吉尔的灵柩乘该专列到达牛津郡，在私人家庭仪式中葬入圣马丁教堂墓地。

丘吉尔作战室

伦敦威斯敏斯特大厅

第二次世界大战期间，英国抗战的神经中枢位于白厅的加固地下室深处。内阁作战室为政府成员和军事战略家提供了安全的工作空间。

秘密地堡

该地堡始建于1938年，位于议会广场附近的新公共办公大楼下。这座大楼现在属于英国财政部，该建筑拥有坚固的钢架结构和宽敞的地下室。安装了通信和广播设备，隔音、通风且又加固了。同时还为战时内阁设立了空袭期间使用的会议室，为军事情报部门设立了地图室。

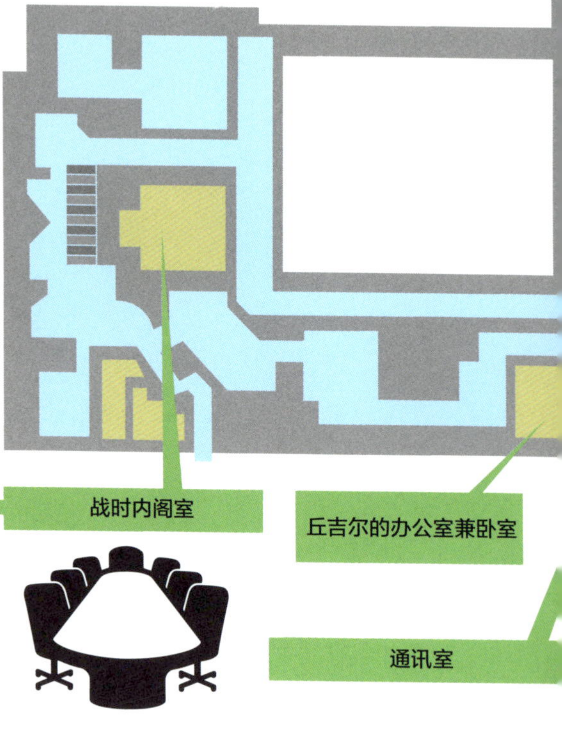

115

场战时内阁会议

丘吉尔博物馆

现在是一个博物馆，作战室有9000平方英尺（850平方米）的传记材料，一张50英尺（15米）长的交互式桌子，通过桌面装置可以从丘吉尔档案中心和剑桥大学获取数字化资料、战时演讲摘录、丘吉尔与他妻子的往来信件以及其他与他相关的许多事物。

板坯

1940年10月的闪电战期间，内阁作战室的上方建造了一块5英尺（1.5米）厚的混凝土层，以进一步保护地堡免受炸弹伤害。随后“板坯”扩大，以容许在该建筑内安装更多设施。

帝国战争博物馆于1984年向公众开放了战争室的大门。

每年有300000游客

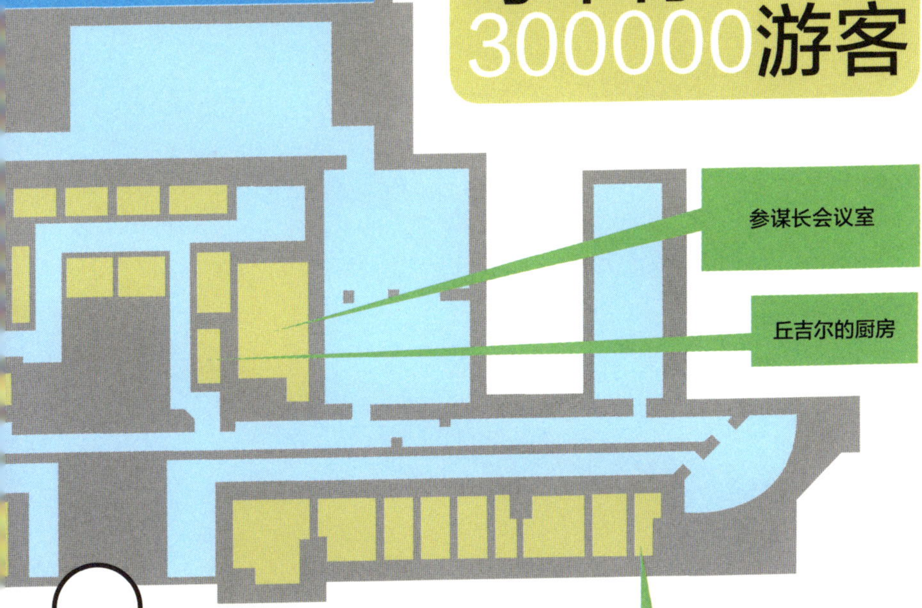

1945年8月16日，地图室里的灯六年内首次熄灭。

丘吉尔的房屋和花园：肯特郡韦斯特勒姆镇查特韦尔庄园

位于肯特郡韦斯特勒姆以南2英里（3公里）处的查特韦尔是温斯顿和克莱门汀·丘吉尔最喜爱的家，1922年购买，直到他去世一直保留着。

这座红砖庄园位于占地80英亩（32公顷）的农田和林地内，19世纪时按维多利亚风格扩建过。丘吉尔被这里的景色吸引，在这里可以将肯特威尔德的壮观景色尽收眼底。20世纪20年代，建筑师菲利普·蒂尔登将该庄园现代化并融入更多适宜的本土风格加以扩建。

1946年，72岁的温斯顿爵士和克莱门汀夫人发现维护这么大的庄园很费财力。报纸出版商卡姆罗斯勋爵和一个由十名富商组成的财团为他们找到了问题解决方案。他们每人捐赠5000英镑购买该物业，允许丘吉尔夫妇继续住在那里，唯一的条件是该物业在他们夫妇逝世后要上交给国家。然而，温斯顿爵士去世后，克莱门汀便把它交给了国民托管组织，该基金会于1966年将该庄园面向公众开放。

房间里基本上仍然保留着丘吉尔一家人生活时的装饰和布置，只是多摆放了纪念品以及丘吉尔所获的许多荣誉和奖章。

斜坡草坪和混合的草本花园向下延伸到温斯顿创造的湖泊边，那里有水上花园和丘吉尔夫人的玫瑰花园。他们还建了个果菜园和专门供他们最小的女儿玛丽玩耍的玛丽小屋。

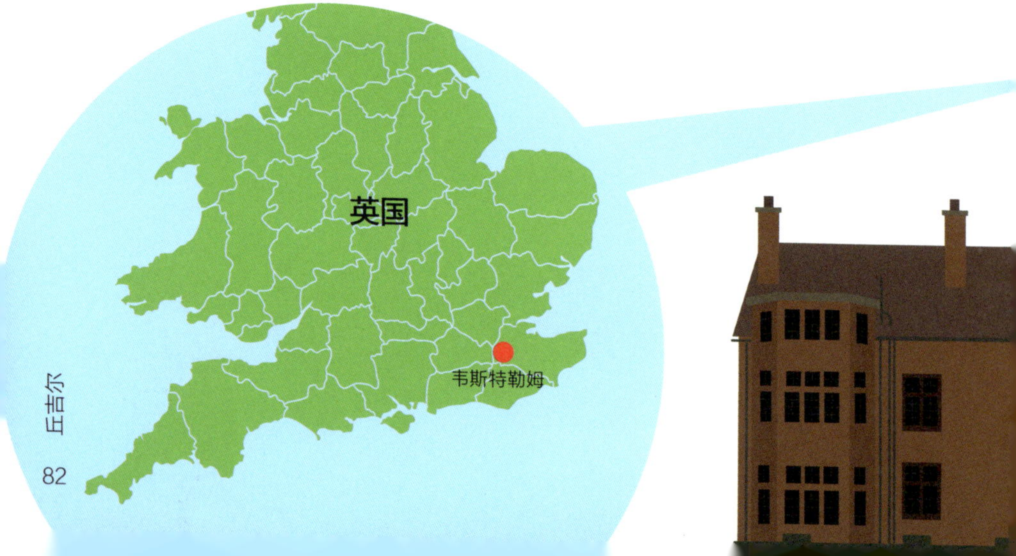

图例
主屋
工作室
温斯顿围的墙
金鱼池塘
宠物墓地
槌球草坪
瓮岛
果菜园
金玫瑰大道
丘吉尔夫人的玫瑰花园

小说与虚幻

无论是在战争电影或戏剧中被当今一些最出色的演员所扮演，从坟墓中起来进入到反乌托邦的世界，或是被19世纪60年代的摇滚乐队所传颂，抑或在科幻冒险故事中与达莱克斯作战，自丘吉尔登上政治舞台后，他嘴叼雪茄永不认输的英国战斗精神形象，便在这大量的科幻作品中一次次加固直至永恒不灭。

皇室模仿

丘吉尔的首个荧屏形象是由苏格兰演员C.M.哈拉德在1935年电影《皇家骑兵队》里塑造的，该电影讲述了国王乔治五世统治时期的重大事件。

拜见女王

爱德华·福克斯取代罗伯特·哈代，在2013年的电影《女王召见》中饰演丘吉尔，该电影主要讲述女王伊丽莎白二世（海伦·米伦饰演）和她的首相每周的会晤。

配音

理查德·伯顿在26集纪录片《英勇岁月》（1960—1963）里，为丘吉尔配音，演说丘吉尔回忆录里的部分摘录，然后在传记电影《铁血风暴》（1974）中饰演丘吉尔。

游戏玩家

电子游戏《刺客信条：枭雄》中，丘吉尔的角色是在第一次世界大战中帮助守卫伦敦。

逗人开怀大笑

彼得·塞勒斯在英国广播公司的广播剧《傻瓜秀》中经常扮演丘吉尔。

《统治》

C.J.桑森的小说《统治》（2012）是一部政治惊悚片，故事背景设在20世纪50年代初期，书中丘吉尔没有在1940年当上首相，英国向纳粹德国投降。丘吉尔率领一个抵抗组织负责在公共场所涂绘V形标志。

在乐谱中

奇想乐队为他们1969年的专辑《阿瑟》录制了歌曲《丘吉尔先生说》（或叫《大英帝国的衰亡》），歌词中讲述了部分丘吉尔著名演讲的内容。

丘吉尔的形象刻画出现在：

36
电影

6
戏剧

24
电视秀

8
书

2
广播秀

1
歌

1
电脑游戏

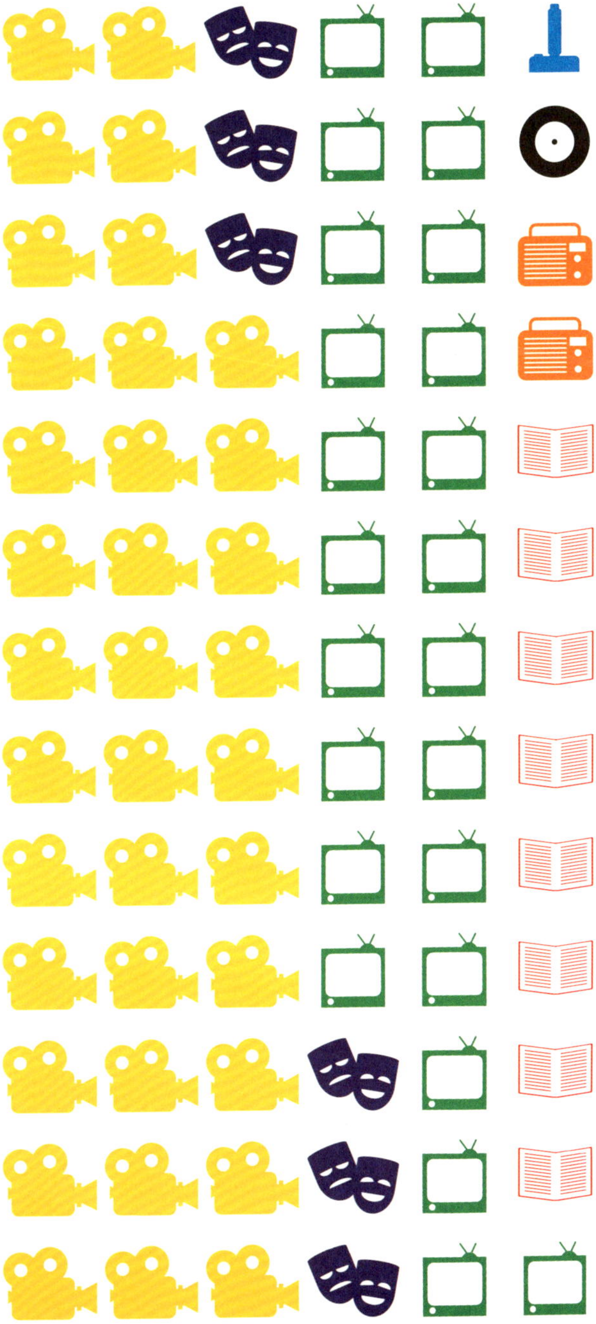

借他之名

丘吉尔的名字在世界各地以数不清的方式存在，永生不朽。高楼大厦、街道马路、公园广场、车站、社区和公共建筑，甚至比利时安特卫普港的一个大码头都以他的名字命名。

雪茄

温斯顿的首选雪茄品牌是古巴罗密欧与朱丽叶牌。他的制造商为纪念他创建了一款新雪茄：“丘吉尔”系列雪茄，有尺寸和形状之别。现在也有许多制造商生产出各种类似雪茄变种。

丘吉尔号

尽管在为船只命名时通常会使用女性化名字，但很多船却是以丘吉尔的名字命名：

丘吉尔号皇家海军战舰
最初叫赫恩登号（1940–1944）

丘吉尔级核舰队潜艇
（1970–1991）

美国海军温斯顿·S.丘吉尔号驱逐舰（1999–至今）

特酿香槟

宝禄爵是温斯顿最喜欢的香槟。1965年他去世后，宝禄爵所有发往英国的香槟，瓶子标签上增加了一条黑色边框，作为哀悼标志。这一标志直到1990年才被取消。1984年，宝禄爵在布伦海姆推出了第一批珍贵的特酿温斯顿·丘吉尔香槟。

“最高”荣誉

丘吉尔山脉涵盖了南极洲13座山峰，与伯德冰川和尼姆罗德冰川间的罗斯冰架西侧接壤。

最高峰：
艾伯特·马卡姆峰

10515 英尺 （3205米）

加拿大落基山地带一座山脉和阿拉斯加东部的丘吉尔山峰都是以丘吉尔名字命名。

丹麦车辆渡船丘吉尔号（1967–2004）

有艘货轮和一艘灯塔补给船也是以丘吉尔名字命名。

1966年造的温斯顿·丘吉尔号训练纵帆船。

头等厢

1947年，南方铁路公司将不列颠之战4-6-2型太平洋蒸汽机车号21C151命名为丘吉尔号，并在滑铁卢车站举行仪式。丘吉尔被邀请来为该机车头命名，但是丘吉尔以有他约在先并未参加。这辆于1946年产自布莱顿工厂的列车头后来被用来运送丘吉尔的灵柩。它现在保存在约克国家铁路博物馆。

丘吉尔的文字

800万字—1000万字

64年

1953年，丘吉尔“由于他精通历史和传记的艺术，以及他那捍卫崇高的人的价值的光辉演说”，获得诺贝尔文学奖。丘吉尔的作品由不同的独立编辑编纂有数不清的版本，也有无数作者写关于他这位伟大政治家的书籍。直至他去世，丘吉尔的作品产出数量众多，值得夸耀：

31本纪实作品

包含5大卷

16151页

萨伏罗拉
罗拉尼亚革
命记

1 部 345 页的小说

丘吉尔喜欢康威斯·图尔特牌的钢笔

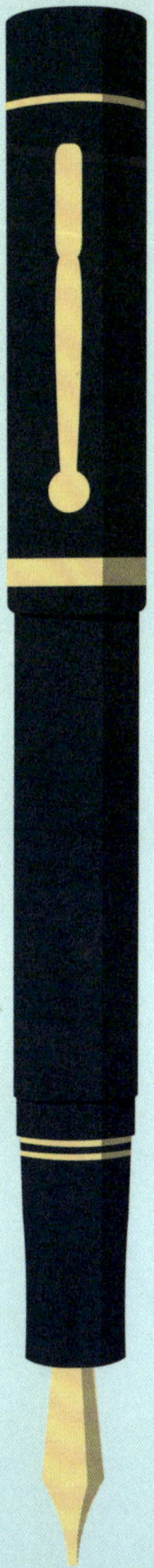

星期日电讯报

1 部短篇小说

1964年写成，1966年1月30日在《星期日电讯报》上刊出，那时距他逝世差不多一年时间。

15 家出版社出版了丘吉尔书稿的首版。

这位伟大的演说家的演讲稿编辑成册的有26套。

丘吉尔的关键词

演说者

“我们将争取海滩”

雪茄

第二次世界大战

连体服

黑狗

V为胜利!

马球

温斯顿

古巴

少数

桑赫斯特

漱口水

口齿不清

闪电战

文学

查特韦尔

加利波利

“特殊关系”

轻骑兵

悉尼街围攻

联邦

大英帝国

布伦海姆宫

布尔战争

威士忌酒

修辞

总理

政治

战俘

克莱门汀

赌博

罗斯福

西北边境

丘吉尔

战争通信

毡帽

武断的

香槟酒

英国之战

达达尼尔海峡

“永不放弃！”

Woom

最好的时刻

瓦工

伍德斯托克

小传

麦克斯·艾特肯爵士
（1879–1964）
加拿大商人、政治家及报业老板，曾在第一次世界大战中担任过众多议会职务。第二次世界大战期间，丘吉尔任命为他为飞机制造部长。

布伦丹·布莱肯
（1901–1958）
爱尔兰裔商人和保守党内阁部长。第二次世界大战中支持丘吉尔。1941–1945年担任新闻部长，他的商业涉猎包括创立现代《金融时报》及出版《经济学人》。

伊丽莎白·安·爱维莉丝特
（约1832–1895）
温斯顿的童年保姆实际上可以说替代了他的母亲，因为他的父母都热衷社交，与温斯顿关系有点遥远。“爱姆”是丘吉尔对保姆的爱称，她与丘吉尔一家一起生活了18年。

弗雷德里克·林德曼
（1886–1957）
英国物理学家。20世纪20年代在一场慈善网球比赛中他与温斯顿首次相遇。丘吉尔在第二次世界大战期间任命他为政府首席科学顾问，在战争期间他们几乎每天都会见面。

约翰·斯特兰奇·斯宾塞·丘吉尔（1880–1947）
温斯顿的弟弟杰克出生于都柏林。布尔战争期间，他与战地记者温斯顿一起服役于南非的轻骑兵，第一次世界大战期间，他担任少校。

伦道夫·斯宾塞·丘吉尔勋爵
（1849–1895）
温斯顿的父亲是下议院领导人和财政大臣，他是一位具有魅力和影响力的保守党领袖。他因财政部未能满足他的要求而辞职，进而终结了他的政治生涯。

威廉·伯克·科克兰
（1854–1923）
温斯顿20岁第一次访问美国纽约时，他呆在家族朋友科克兰那里。这位民主党政治家和众议院议员成为他的第一位政治导师，并成为丘吉尔个人演讲方式的榜样。

克莱门汀·奥格尔维·霍齐尔
（1885–1977）
亨利·霍齐尔和布兰奇·霍齐尔夫人的女儿。1904年她与温斯顿初次相遇，两人于1908年重识。他们之间通讯几个月后，她接受了丘吉尔的求婚，然后他们结婚，并育有五个子女。

弗雷德里克·埃德温·史密斯
（1872–1930）
英国保守党政治家和大律师。他是丘吉尔最亲密的私人和政治朋友之一。他担任副检察长和司法部长，并在年仅47岁的时候，成为劳合·乔治政府的大法官。

富兰克林·D.罗斯福
（1882–1945）
美国第32任总统。第二次世界大战期间，他与温斯顿·丘吉尔关系密切，他们与苏联领导人斯大林和中国军事领袖蒋介石一起击败轴心国。

珍妮特·珍妮·杰罗姆
（1854–1921）
丘吉尔的母亲是个大美人，出生在纽约。1874年她与伦道夫·丘吉尔勋爵结婚。温斯顿崇拜他的母亲，她的关系网为他的职业生涯铺平道路。伦道夫去世后，她两次再婚。

保罗·梅斯
（1887–1979）
英裔法国后印象派画家，以其对典型英国场景的描绘而闻名，梅斯在第一次世界大战的战壕中与温斯顿初识，随后成为终身朋友。梅斯辅导温斯顿素描和绘画技巧。

朋友　家人
导师　孩童时代影响人物

索引

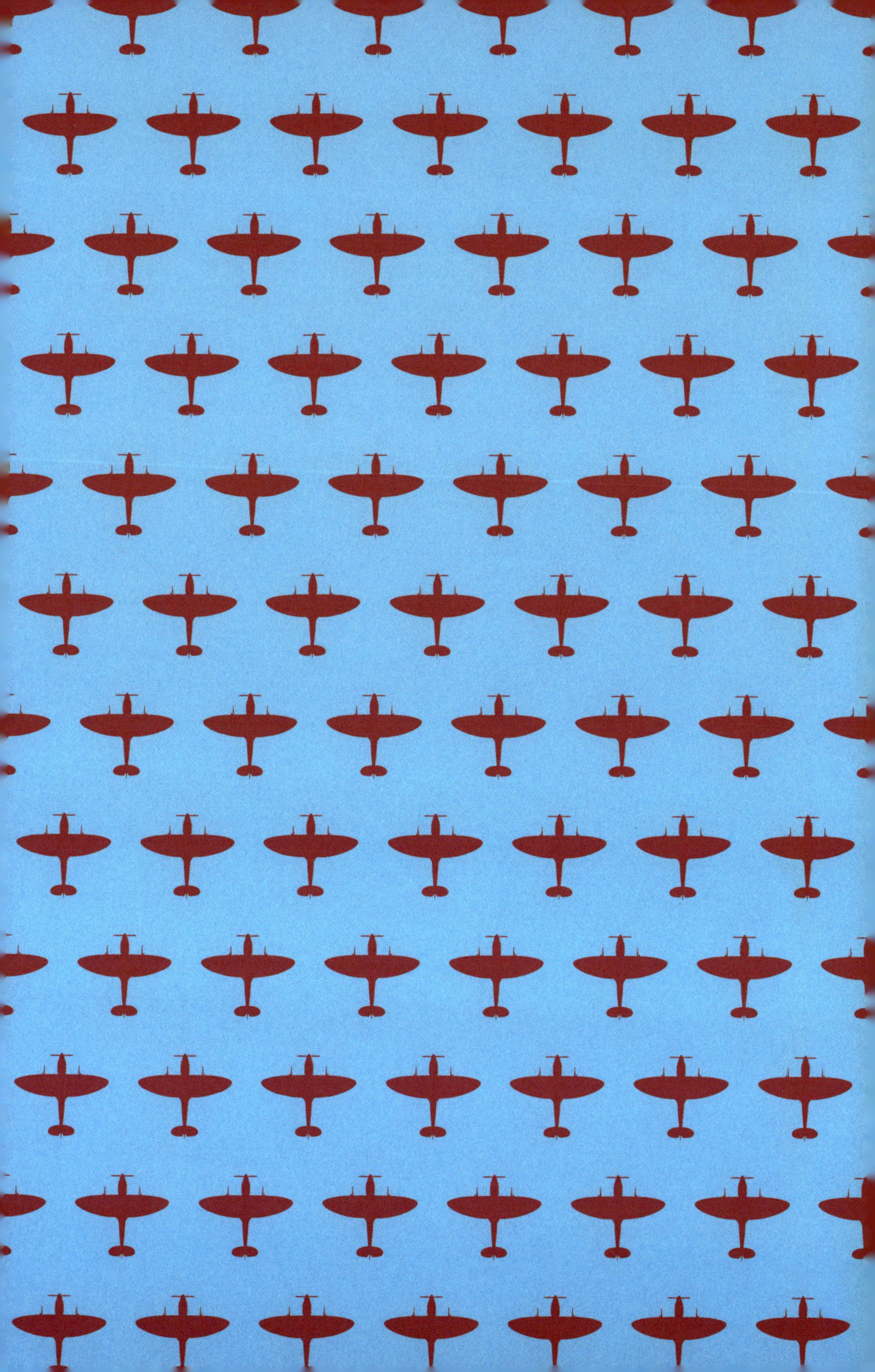